배 철 웅 산문집

탱고를 추려면

세종출판사

배철웅 산문집

탱고를 추려면

초판1쇄 발행 2017년 6월 1일

지은이 배철웅
펴낸이 이길안
펴낸곳 세종출판사

주소 부산광역시 중구 흑교로 71번길 12 (보수동2가)
전화 463－5898, 253－2213~5
팩스 248－4880
전자우편 sjpl@chol.com
출판등록 제02-01-96

ISBN 979-11-5979-112-3-03810

정가 12,000원

탱고를 추려면

저자 배철웅의 펜화 ‘부산선암사’에서 24cm×18cm

▒ **책 머리에**

남산보고 연설하기

"세월이 절로 가니
잡은들 무엇하리
동 트니 아침이요
해 지니 저녁이라
중천에 달 밝으니
밤이런가 하노라"

이게 며칠 전에 제가 지은 자작시조입니다. 그런 싱거운 글이나 쓰며 밥이나 축내는 것이 요즘 저의 생활입니다.

그러나 책 안 읽는 세상에 글을 쓴다는 것은 남산보고 연설하듯이 싱거운 짓인 줄 저도 잘 압니다. 게다가 이 나이에 글을 써 봤자 글에서 쌀이 나옵니까 돈이 나옵니까. 어느 노 정치인이 정치를 허업(虛業)이라고 한 것처럼 저의 글쓰기 역시 하나의 허업인지도 모르겠습니다.

그래도 제가 잡문을 쓰는 것은 지난 날 글밥을 먹던 버릇이 남아 있어서인가 합니다. 저는 여전히 지방신문에 저의 고정 칼럼을 갖고 글을 쓰고 한 신문사의 고문으로 있습니다만 어떤 대가를 바라서 하는 일은 아닙니다. 다만 어둔한 글이지만 조금이라도 읽는 이를 즐겁게 하고 위안이 되었으면 하고 바랄 뿐입니다.

애초에 제가 일간지 기자로 사회생활을 시작한 것은 원고지의 네모꼴 메꾸는 일 말고는 다른 재주가 없었기 때문입니다. 사회정의구현을 위해서 일한다는, 거창한 생각은 별로 할 겨를이 없었습니다.

그러나 촌지(寸志)란 것 없이는 생활이 안 될 만큼 당시의 언론환경은 열악했기에 다른 생업을 구하려고 했습니다. 다만 저는 곧 죽어도 월급 받으려고 직장 다니며 무사안일하게 늙어가는 도시 샐러리맨은 되기 싫었고 젊음을 바쳐 무언가를 추구하고 몰입 할 수 있는 일을 하고 싶었습니다.

그때 제지(製紙)회사를 경영하시는 이모부께서 저를 데려가려고 했지만 저는 거절하고 농협에 지원했습니다. 그 때문에 이모부님과의 관계가 소원해졌지만 저는 스스로의 선택을 후회하지 않았습니다.

협동조합은 단순한 직장이 아니라 우리 농촌발전, 농민의 소득증대와 생활개선을 위해 일하는 농민운동조직이요 사회운동단체라 저는 그 점이 좋았습니다. 학생시절부터 저는 춘원 이광수의 '흙'을 읽고 농촌과 허숭(許崇)이란 인간상에 매료됐습니다.

저는 농촌운동가란 긍지를 갖고 협동조합에서 일했고 새마을사업에도 돌 하나를 놓는 다는 생각으로 미력을 기우렸지만 펜과 잉크에의 향수를 결코 버릴 수는 없었습니다. 연어가 모귀회천 하듯 다시 일간지에서 논객으로 글을 쓴 것은 그 때문이었습니다. 글을 쓰면서 밥을 먹을 수 있는 곳은 거기밖에 없었지요. 문사는 배고프고 안 그러면 굶어죽기 알맞은 것이 현실이었습니다.

"이 세상은 꼭두각시의 무대, 북소리, 피리소리에 맞춰 놀다 보면 어느새 한바탕의 꿈. 고개를 돌려보면 어느새 인생은 늙었네." 며칠 전에 명동예술극장에서 본 연극 '조씨 고아(趙氏孤兒)'의 휘날래 대사가 그랬습니다. 그 말처럼 인생은 한 편의 단막극 같은 것인지도 모르겠습니다.

그러나 "알몸으로 태어나서 옷 한 벌은 건졌잖소…." 그런 노래가 있지 않습니까. 이제는 글 쓴다고 용을 써 봤자 읽어줄 사람도 많지 않지만 그래도 저는 세상에 대해, 인생에 대해 후회하거나 회한을 갖지는 않습니다. 작고한 저의 친구가 시로 읊었듯이 "이 세상 소풍 끝나는 날, 아름다웠노라고 말하리라"고 저도 그렇게 말하고 싶습니다.

여러 매체에 실렸던 글을 모아 책 한권을 묶어봤습니다. 신문 잡지 등에 실렸던 잡문들이라 종류도 대중없고 그저 산문집이라고 이름 붙였습니다. 그러니까 졸문(拙文)의 집합이라고 웃는다 해도 드릴 말씀이 없고 그저 미안스럽고 부끄러울 따름입니다.

세상이 시끄럽고 어수선합니다. 그래도 저의 주변에는 정든 벗들이 있고 그들이 늘 도와주고 아껴주시기 때문에 저는 행복합니다. 아무쪼록 건강하시기를, 그리고 가정에 행복 가득하시기를 기원합니다.

2017 정유년 3월 어느 날

배 철 웅 드림

▌차례

제2부 눈깜짝이 양반

제3부 두 개의 액자

제4부 어깨동무

제5부 그러게 말이에요

제1부
명함 이야기

꼭지가 있어요?

좀 우습긴 해도 배(裵)가 성에는 꼭지가 있다. 대부분 꼭지가 있지만 간혹 없는 배가도 있다고 하면 "꼭지 없는 배가도 다 있어요?"하고 놀라는 사람도 없잖아 있다. 꼭지 없다는 것이 무슨 중대한 결격사유라도 되는 것처럼 놀라는 것이다. 그래서 처음 인사 나눌 때 꼭지의 유무를 확인하려는 사람들도 더러 있다.

내게는 엄연히 꼭지가 있다고 하면 꼭지 있는 배와 없는 배의 차이를 물어보는 사람도 있다. 그렇게 추궁해 들어오면 정말 귀찮다. 그래서 "수박이나 토마토도 꼭지 안 달린 놈이 있고… 사람이고 과실이고 간에 꼭지가 어떻게 다 붙어 있노…." 라고 대답한다.

"배비장전 뮤지컬을 봤는데요. 배비장이 몇 대 조상되십니까?"

그런 질문을 받은 적도 있다. 자격지심인지는 몰라도 성춘향이나 변학도처럼 배비장 역시 옛 이야기 속의 픽션이요, 허구인줄을 뻔히 알면서 묻는 것 같다. 그럴 때 나는

"우리 고조할배 아닝교…"

하고 만다.

사람들이 자꾸 꼭지 운운하니 나는 곤혹스럽다. 자세히 보면 고(高)씨, 변(卞)씨, 방(方)씨도 꼭지가 있고 정(鄭)씨, 강(姜)씨는 둘씩이나 있지 않은가. 복(卜)씨는 꼭지가 배에 달려있다.

재미난다고 자꾸 떠들면 범 난다고 했다. 먹는 배도 그렇지 배 없으면 조상제사도 못 지낸다. 속담에도 배 썩으면 딸 주고 밤 썩으면 며느리 준다. "이화에 월백하고 은한을 삼경인데…"하는 그 이화(梨花)가 배꽃이 아닌가.

'이화여대'를 최현배 식 우리말로 하자면 '배꽃 계집 에오라지 배움 집'이요 냉면에도 배가 안 들어가면 전혀 시원한 맛이 나지 않는다. 그 배가 2016년 올해는 대풍이라 예년의 절반 값이라니 이참에 배를 실컷 먹어보고 싶다. 그 배는 과실로서의 배니까 배씨 성과는 아무 관계가 없지만 배와 배는 한

글로는 종씨니까 재미삼아 한 번 해 본 말이다.

옛날 어느 부잣집에 새로 머슴이 들어왔는데 그의 성이 배가였다. 주인은 머슴의 성을 안 잊어버리려고 종이에다 동그란 배를 하나 그려 놓았다. 며칠 후 머슴을 부르려고 종이를 펴보니 둥그런 공이 한 개 그려져 있지 않은가. 그래서 "공서방, 공 서방!"하고 불렀다.

분명히 부르는 소리를 들었을 텐데 대답을 안 하니 주인은 그제야 자기가 실수한 걸 깨달았다. 그는 동그라미에다 꼭지를 그려 넣고 몸통에다 점을 여러 개 찍어서 배를 만들어 놨다고 한다. 우리 어릴 적, 동화책에 나왔던 얘기다.

꼭지를 떼면 배도 공이 돼버리듯이 다 잘 된 일도 한 가지를 소홀히 하다가 만사를 그르치는 때가 많다. 수박 참외도 꼭지가 싱싱해야지 꼭지가 시든 걸 먹으면 배탈 나기 십상이다. 나라의 꼭지도 네로나 연산군 같이 불인(不仁) 무도한 자가 틀어쥐고 있으면 나라 전체가 곯고 곪으며 만백성이 덩달아 고생을 한다.

꼭지라면 생각나는 얘기가 있다. 지난 49년, 중국 장제스(蔣介石)의 국민당이 마오저퉁(毛澤東)에게 쫓겨 타이완(臺灣)으로 도망갔을 때였다. 그들이 타이완에 상륙해 보니까 집집

마다 수도가 있었는데 꼭지만 틀면 금방 맑은 물이 콸콸 쏟아졌다.

난생처음 수도를 구경한 장제스 군인들은 눈이 휘둥그레졌다. 보급품은 꼭대기들이 다 들어먹고 사병들은 굶다가 논바닥에 고인 물을 떠 마셔야 했던 장제스 군대였다. 미국의 원조물자를 모조리 암시장에다 팔아먹는 통에 전투장비는 커녕 누더기에 허기져서 걷지도 못하는 거지군대- 국부의 꼭지들이 암시장에 내다 팔아먹은 보급품들은 결국 공산 홍군(紅軍)의 손에 들어갔으므로 린퍄오(林彪) 홍군 사령관은 “우리의 병기창은 미국 피츠버그에 있다”란 유명한 말을 남겼다.

그런 장제스 군인들이 수도를 처음 본 순간의 놀라움이라니! 그들은 서둘러 철물점으로 달려가서 수도꼭지를 사다가 벽을 파고 꽂았다. 그리고는 중인환시(衆人環視)리에 옥수가 콸콸 쏟아지겠지 하며 꼭지를 틀었다.

그러나 아무 소식이 없다. 또 틀었다. 그래도 반응이 없다.

“?”

이게 어찌 된 영문인가? 한참 궁리 끝에 그들은 옳지, 철물점 주인이 나쁜 놈이다, 그 놈이 우리에게 엉터리 수도꼭지를 팔아먹은 게다! 그렇게 결론을 내렸다. 그래, 그들은 또다시 우르르 몰려가서 철물전주인에게 총을 들이대고 끌어내어 흠씬 두들겨 팼다. 그게 실제로 있었던 일이라고 하지만 글쎄다.

장제스의 국민당은 안팎으로 썩다가 광활한 중원을 잃고 작은 섬 대만으로 쫓겨났다. 미국의 동양사학자 이스트먼은 그의 명저 "장개석은 왜 패했는가"에서 "마오저퉁이 이긴 것이 아니라 국민당정부가 스스로 무너진 것에 불과하다"고 썼다. 장제스는 공산군의 공격으로 패배한 것이 아니라 스스로의 내부모순이 그 원인이었다는 것이다.

사람이 죽는 것도 외상으로 죽는 것보다 각종 암이나 폐렴, 뇌혈관 또는 심혈관 질환, 심근경색 등 내과적 질환으로 죽는 경우가 월등 많다. 맹자도 "망한 나라는 남이 멸망시키기 전에 스스로 망할 일을 한다"(國必 自伐而後 人伐之)고 했다. 행여 우리사회에는 그런 낌새가 안 보이는지 살펴봐야 할 일이다.

그런데도 사람들은 가끔 내게 묻는다.

"꼭지 달린 배입니까? 꼭지 없는 배 입니까?"

그래도 '꽁지' 빠진 배가 아니냐고 묻지 않은 것이 다행이라 하겠다. 꼭지가 있건 없건 아직까지는 나라를 팔아먹은 이완용 같은 매국노, 무고한 국민을 등쳐먹은 정상모리배가 배가에는 없다는 것만도 얼마나 다행인가. 오히려 배가에는 베토벤이 있고 베컴도 있고 베르디도 배트맨도 있지 않으냐! 그렇게 말해주고 싶다. (농협동인, 2017. 1/2월 Vol. 211)

각중에…

“경상도 사투리로 ‘갑자기’를 뭐라고 하더라?”

서울 토박이가 경상도 친구에게 물었다. 그러자 그 경상도 친구, 잠시 뜸을 들이더니 한다는 대답이 이랬다.

“각중에 물어보니 생각이 안 난다”

그러나 바로 그 ‘각중에’가 ‘갑자기’의 경상도 사투리다. 다른 데서는 어떤지 몰라도 경상도에서는 일상적으로 쓰는 친숙한 말이다. 이를테면 갑자기 동무가 찾아오면 “아이구 이 문딩이야 각중에 우짠 일이고…”하며 반가워한다. 작년에는 이런 대화가 오간 적도 있다.

“멀쩡하던 사람이 각중에 우찌된 일이고?”

“홍시 먹다가 그게 목에 걸려 죽었다 안 카나…”

'각중에'는 '불각중'(不覺中)에서 나온 말이다. '부지중' 또는 '부지불식'도 같다. 불교에서는 진여 즉 진리에 대해 본래부터 사람 마음속에 있는 미망을 불각이라 한다는데 어쨌건 세상에는 '각중에'가 많다.

> "昨夜三更雨 今朝看落花 春來若牛步 春去不覺中"
> (간밤 삼경에 비가 내리더니/ 오늘아침에는 지는 낙화를 보네/ 봄이 올 때는 소걸음으로 오더니/ 갈 때는 알지 못하는 새 가는구나)

나의 자작시(自作詩) 「춘래춘거(春來春去)」다. 모두들 봄이 오기를 기다리지만 봄은 느릿느릿 소걸음으로 온다. 그처럼 우보(牛步)로 온 봄도 갈 때는 부지중에 가버린다. 뒷산에서 법국새가 법국법국 하더니 어느새 봄은 갔다. 봄은 야속하고 멜랑코릭한 계절이다.

인생도 봄날처럼 짧다. 어어 하다 보니 어느새 막차 탈시간이다. "우물쭈물하다가 내 이렇게 될 줄 알았다"는 버나드 쇼의 말이 맞다. Memento Mori, 조만간 나도 죽는다는 것을 알아야 하는데 대게는 영원히 살 것처럼 욕심을 부린다.

인생 1막이 끝나면 내세에 제2막이 기다리고 있다는 것도 사람들은 믿지 않는다. 누가 죽으면 눈물콧물을 짜며 울고불고 하지만 그건 산 사람들이 자신의 팔자가 불쌍해서 우는 것이지 막상 죽는 사람은 구질구질한 몸뚱이 훨훨 털고 떠나는 것이 그렇게 시원할 수 없을 것이다.

법철학자 이항녕교수의 책에 이런 얘기가 있다. 그는 전생과 내세가 있을까? 과연 윤회란 것이 있는지? 생각타가 평소 존경하던 춘원 선생을 찾아갔다고 한다.

"춘원선생님, 전생이 과연 있습니까?"

"예 있지요"

"그걸 어떻게 압니까?"

그러자 춘원선생이 되물었다.

"그럼 선생께서는 열 살 때가 있었습니까?"

"예 있었습니다. 그러니까 제가 지금 여기 있지 않습니까?"

"그럼 선생께서는 한 살 때가 있었습니까? 그때 기억이 납니까?"

"예, 한 살 때도 있었지만 기억은 나지 않습니다."

그래서 춘원선생이 말했다.

"거 보십시오. 한 살 때가 있었지만 기억이 안 날 뿐입니다. 전생도 마찬가지지요. 전생이 분명히 있지만 다만 기억이 안

날 뿐입니다"

무시무종(無始無終), 해탈의 대자유를 얻을 때 까지 중생은 윤회 속에 있다. 나는 춘원선생의 말이 아니라도 업보와 윤회를 믿고 싶다. 허무처럼 가버린 봄도 때가 되면 다시 회춘하며 대자연은 돌고 돌듯 지금 내가 살아있는 것도 '돎' 의 한 순간일 뿐이다. 그래서 지금 이 순간순간이 더욱 소중한 것이 아닐까. 누구나 저승차사가 보자고 하는 순간까지 인생길을 진지하게 우보로 걸어 갈 일이다.

그 '각중에'가 나는 좋다. 이를테면 친구들이 보내는 편지나 책도 '각중에' 오니까 좋다. 의성 단촌에서 과수원 하는 친우가 보내는 의성사과, 안동의 벗님이 부치는 안동사과, 경남 밀양의 친지가 보내는 밀양 얼음골사과를 해마다 택배로 받는다. 내가 미안해서 못 받는다고 해도 들으려고 하지 않는다.

띵똥! 현관 벨이 울리더니 또 택배가 왔다. 상자 속의 쪽지에 가로대 "시라노란 품종인데 맛은 괜찮지만 때깔이 좀 별로라서…"미안하단다. 시라노? 괴상한 용모 때문에 사랑하는 여인에게 고백도 못하고 남의 연서나 써줬다던 프랑스의 문인 검객이 시라노 아닌가? 사과나 검객이나 시라노는 못생겨서 슬프구나 싶어 웃음이 나왔다.

'각중에'는 '갑자기'에서 유래했다는 설(?)도 있다. 적벽대전을 앞두고 오(吳)의 도독 주유가 피를 토하고 쓰러지자 제갈공명이 그를 찾아갔다. 공명은 "조조 칠 준비가 끝났지만 동남풍이 안부니까 그 걱정 때문에 병이 난 것 아니오?"했다.

속내를 들킨 주유가 그렇다고 시인하고 무슨 방도가 없겠느냐고 물었다. 그 말에 제갈량은 "일찍이 내가 '기문둔갑 천서(奇文遁甲天書)'를 읽어 천지조화를 좀 아는데 오는 11월 20일 갑자일에 바람을 일으켜 이틀간 불게 해주겠다."고 약속한다.

공명은 칠성단을 쌓고 하늘에 빌었지만 갑자일 해 질녘에도 바람 한 점 없이 조용했다. 사람들은 "이 겨울에 어찌 동남풍이 불겠소"하며 믿지 않았다. 그러나 한밤중 자시(子時)가 되자 갑자기 바람이 일며 깃발들이 세차게 나부꼈다. 갑자일에 갑자기 동남풍이 일어(起)났으니 '갑자기(甲子起)'이고 주유가 그 바람으로 화공을 써서 장강을 뒤덮은 조조의 대선단을 잿더미로 만든 것이 적벽대전이다.

'각중에' 처럼 우리말은 재미있고도 의미심장하다. 우리말은 깊은 뜻을 품은 철학어요, 조리 정연한 과학어, 문학어, 예술어다. 인터넷이나 스마트폰 따위로 우리말을 더럽히지 말고 거울처럼 닦고 소중히 해야겠다.

우리 사랑할 날들

밤새 내리던 비가 그치니 수은주가 뚝 떨어졌다. 전방 어디에는 벌써 얼음이 얼었다는 소식이다. 엘리엇이 4월은 잔인한 달이라고 노래했지만 쓸쓸히 낙엽 지는 늦가을 이맘때야 말로 진짜 잔인한 달이라고 나는 생각한다.

왠지 사는 것이 허망하고 고통스럽게 느껴지는 때다. 자꾸만 어깨가 움츠러들면서 가슴 한 복판에 뻥하니 뚫린 구멍으로 찬바람이 들락날락 하는 것 같다. 가을에서 겨울로 접어드는 지금보다야 차라리 함박눈이 내리는 한 겨울이 심정적으로 더 따뜻하지 않을까 싶다.

겨울은 추워서 더 따습다. 아랫목 이불 속에 다리를 묻고 창밖의 눈 내리는 소리에 귀 기우리는 겨울밤! 활활 타는 벽

난로, 주전자 속의 물이 김을 내며 끓고 그러면 정 든 사람끼리 가까이 다가앉아 정담을 나누기에 좋은 것이 겨울이다.

언젠가 비 그친 겨울아침 부산 성지곡 공원의 호젓한 산길을 걸어 봤다. 쨍하고 깨어질 것만 같이 투명한 하늘, 나목(裸木)의 잔가지가 실핏줄처럼 퍼져나간 광경, 침엽수의 이파리마다 매달린 빗방울들이 아침 햇살을 받아 반짝이는 모습이 신비로웠다. 늦가을은 서글프고 우울하지만 겨울은 크리스탈 보석처럼 영롱하게 아름답다.

서걱대는 낙엽을 밟으며 뒷산을 오른다. 누런 잎들이 적진에 뿌리는 선전삐라처럼 날리고 있다. 이제 몇 개 남은 잎들마저 떨어지고 나면 머지않아 본격적인 겨울이 오리라.

그러고 보니 깊어가는 이 가을, 내 가슴을 서늘하게 하는 우수의 정체를 알 것 같다. 봄인가 했더니 어느 새 한해의 끝이 코앞에 있다. 나무 잎들은 피는 듯 지고 아이들은 빨리 자라 어느 새 장다리처럼 키가 껑충하게 자랐다. 모든 것은 서둘러 가고 우리 인생도 결코 예외가 아니다. 어느 시인의 말대로 우리 사랑할 날들이 그다지 많지 않은 것이다.

발아래 뒹구는 누런 이파리 하나를 줍는다. 낙엽은 하늘엽서가 가을바람에 날려 우리에게 온 것이라며? 나는 여자 중학생들처럼 그 이파리를 책갈피 사이에 끼워 두려고 한다. 그러다 어느 날 만년필에 군청색(群靑色) 잉크를 넣고 그 노랗게 물든 잎사귀에 나의 애송시를 쓰리라.

> "…사랑은 가고 옛날은 남는 것. 여름날의 호숫가 가을의 공원, 그 벤치 위에 나뭇잎은 떨어지고…"

나는 그 낙엽편지를 붉고 푸른 테두리의 봉투에 넣고 주소는 "알지 못함"이라고 적으려고 한다. 받을 사람은 몰라도 나는 누군가에게 편지를 쓰고 싶다.

하산하는 길에 하늘을 보다가 나는 아! 하고 감탄했다. "기러기 울어 예는 하늘 구만리…" 그 시어(詩語)처럼 V자를 그린 기러기 떼가 먼 저편, 저녁놀이 비낀 서녘하늘을 날아가고 있었다. 그 너머 낙동강 하구의 철새 도래지를 찾아가는 길인가 보다.

붉은 노을 속을 아득히 사라져가는 새들을 나는 오래도록 바라보았다. 어찌 기러기들뿐이랴. 오는 가 했더니 금새 사라져 가는 끝없는 유전(流轉)을 나는 빈 마음으로 받아들이지 않을 수가 없다.

새들이 사라지고 난 하늘가에는 알지 못할 적막이 드리워 있다. 이제 저 붉으래한 잔영도 스러지고 나면 도시의 쇼윈도에 하나씩 네온이 켜지고 한잔 술에 취한 샐러리맨들이 컴컴한 삶의 미로를 더듬어 가리라.

내일은 내 낡은 승용차의 먼지를 털고 낙동강 하구 둑 너머 강과 바다가 어울리는 곳을 한번 찾아가 보리라. 거기 모래톱 갈대 속에서 개개비가 개개개 우는 소리에 귀 기우려 보고 싶다. 그리고 무심히 철석 대는 파도소리 바람소리에서 영겁의 의미를 한번 찾아보려고 한다.

명함 이야기

묵은 명함을 정리했다. 김 아무개, 박 아무개, 최 아무개… 명함을 한 장 씩 손에 들고 그 사람을 생각해 본다. 그러면 그들의 웃는 얼굴이 명함 위에 오버랩 되어 보인다. 그러다가 소중한 명함들을 골라 상자에 담고 다른 건 휴지통에 버린다. 미안하지만 입후보자의 사진이 박힌 선거용이나 업소 선전용 명함이 주로 휴지통으로 보내진다.

이사, 감사, 변호사, 박사, 사장, 회장… 남산에서 돌을 던지면 죄다 사장님이나 회장님 머리에 맞는다더니 세상에는 감투도 많다. 그 사장님, 회장님들이 오늘은 내 손아귀에서 놀고 있다. 일진이 좋아 오늘은 내 손이 호강을 한다.

명함들은 하나같이 화려하다. 어찌나 화려한지 나 같은 사람은 명함도 못 내게 생겼다. 어떤 건 번쩍번쩍하는 금박에 찍은 것도 있다. 종이처럼 금을 얇게 펴서 글자를 검게 양각(陽刻)했는데 그녀가 부자라고 하니 혹시 24K 순금이 아닐까 은근히 기대가 되었다. 그러나 아무리 God 보다는 Gold라고들 하는 세상이지만 이건 좀 심한 게 아닌가 하는 생각이 들었다.

어떤 명함은 감투가 열 개도 넘는다. 무거워서 그 많은 걸 어찌 다 쓰고 다니노? 싶다. 향우회장, 평통자문위원, 청소년선도위원, 아파트주민대표, 뿌리찾기중앙회장, 족보간행위원장, 종친회장, 재개발추진위원장… 정말 야! 대단하구나 하는 감탄이 절로 나온다.

요새는 명함도 흔해져서 중학생도 사진 박힌 명함을 갖고 다닌다. 그러다 강아지도 명함 갖고 다닐 날이 올지 모른다. 후보자도 아니면서 자기 얼굴 넣어서 명함을 찍는 것이 대세다. 바야흐로 자기 PR시대라 모두들 "나 예쁘지?" 자랑하는 것 같고 "언젠가는 나도 출마할 테니 내 얼굴 잊지 말아요!" 하는 것 같다.

내가 아는 철학교수 한 사람은 자기 명함에 아리송한 영어 글자들을 새겨 놓았다. 가로대

"Good − 0 = God"

" ? "

무슨 뜻인지, 수수께끼 같다는 생각이 들었다. "선(善)에서 0을 빼면 신(神)"이 된다는 뜻인가? 그러나 0을 빼는 건 아무것도 뺄 필요가 없다는 말과 같으니 "선=신"이란 뜻일까? 종교에 문외한인 나로서는 그 뜻을 잘 모르지만 "Good-0=God"보다는 "God+0=Good"이 차라리 낫지 않을까 싶기도 하다.

God을 거꾸로 하면 Dog이 된다는 배덕자도 있었다지만 그런 벼락 맞을 소리는 아예 말아야 한다. 내 신앙이 소중하면 남의 것도 소중한 것이요 유태인과 팔레스타인처럼 지구촌 곳곳에서 벌어지고 있는 갈등과 증오는 남의 믿음을 개떡같이 여기는 몰지각에서 생기는 것이 아닌가, 그런 생각이 든다.

그런데 명함들을 살펴보고 있자니 명함에는 두 종류가 있다는 걸 깨닫는다. 깨알 같은 글자로 앞뒷면에 뭔가를 빼곡히 적어 놓은 것과 이름과 직위 딱 두 가지만 큼직하게 박아 놓은 것, 말하자면 복잡한 명함과 간단한 명함, 두 종류다.

권세 있고 지위 높은 분일수록 명함에는 별로 적힌 게 없다. 큼직한 글씨로 국회의원 아무개, 경찰서장 아무개, 그 말 뿐이다. 국회의원이나 경찰서장이라면 알아 모실 일이지 이러쿵저

러쿵 군말이 무슨 필요 있나 하는 것 같다.

반면에, 그저 그렇고 그런 자리에 있는 사람들에게 구구한 사연이 많다. 이름, 호, 전직, 현직, 후직(後職)? 수상경력, 자격, 면허, 심지어 동창회지에 발표한 글 제목도 나열하고 집 전화, 휴대전화, 이-메일까지 적어 놓았다. 이 정도인데 정말 날 존경 안 할 거야? 그렇게 외치는 것 같다. 그렇게 시시콜콜 적으면서 왜 전 마누라, 현 마누라의 이름은 빼 먹었는지 물어보고 싶다.

하지만 두 가지 다 속이 훤히 들여다보이긴 마찬가지다. 큰 글자로 달랑 이름과 직위만 박아놓은 건 내로라 으스대는 것 같고 초등학교 반장 경력까지 나열한 명함은 한 가지라도 더 과시하려고 안간힘을 쓰는 것 같아 딱하다. 그러나 둘 다 "나 멋있지?"하고 자랑하려는 속내가 보이는 점에서 결국은 한 종류란 말이 맞겠다.

언제던가 은퇴한 K교수님에게서 받은 명함은 달랐다. 엷은 파란색 A4용지에 PC로 찍어 손수 가위로 오렸는지 약간 비뚤비뚤한 종이에 이름과 전화번호가 적혀 있고 이-메일주소도 적어 놨다. 아무 장식도 꾸밈도 없는 명함이었다.

나는 그 명함을 들고 생각해 봤다. 꽃은 예뻐지려고 안달하지 않고 내로라하질 않는다. 그저 생긴 데로 피었다가 말없이 져갈 뿐이다. 꽃의 아름다움은 그 무심함에서 오는 것이 아닐까. 명함으로, 얼굴로 또는 재주로 사람들은 제 멋을 자랑하지만 그럴수록 멋은 사람에게서 멀어진다.

멋없는 멋, 그게 진정 멋이건만 너도나도 겉꾸밈에 정신들을 뺏기고 있다. 사람의 얼굴이나 몸, 또는 하는 일 모두 너무 작위적(作爲的)인 것은 부자연스럽고 자연 그대로 무심한데서 진정 아름다움을 느끼게 된다. (조선일보, 2012. 12. 7.)

조각보 커튼

내가 사는 아파트 베란다 밖에는 몇 그루의 소나무가 있어 거실이 제법 운치가 있다. 뷰 라던가, 그 때문에 아파트는 위쪽으로 갈수록 인기가 있다고 하지만 진짜 뷰란 소나무를 바라볼 수 있는 나의 2층 아파트 같은 게 아닐까 한다.

소나무는 그 자체가 시요 음악이다. 가끔씩 오디오를 켜놓고 차 한 잔을 들며 소나무를 바라본다. 그리고 번다한 생각일랑 버리고 무념무상이 돼 보려고 한다. 생각에서 놓여나 무념무상이 되는 것이 진짜 휴식이다.

그러고 보면 옛사람들이 창문을 '마음'과 하나로 생각한 이유를 알 것만 같다. '창'(窓)은 구멍 혈(穴)에 마음(心)자가 합쳐진 글자니까 마음을 여는 통로란 뜻인 것 같다. 말하자면 창문은 사람의 정서를 조절하는 수단인 것이다.

창문을 열면 마음도 활짝 열린다. 하지만 종국적으로는 구태여 창문을 열지 않아도 내 마음의 창은 내 맘대로 여닫을 수 있어야 그게 진짜 자유가 아닌가 한다. 그것이 마음 내지는 창문의 진정한 의미가 될 것이다.

영화 '빠삐용'이 생각난다. 그가 감옥에서 도망치려다 도루 잡혀 와서 독방에 갇혔는데 거기에는 창문도 천정도 없고 머리 위에 걸쳐진 철제통로로는 간수가 왔다 갔다 하며 죄수를 감시했다. 감방에 창문이 없는 것은 거기 갇힌 죄수의 행복 따위야 아예 고려 대상도 아니었기 때문일 것이다.

감옥의 독방은 그렇게 비참한 곳이었던 모양이다. 일반감방도 크게 다르지 않은 것이 까맣게 높은 벽에다 빠끔하게 뚫어놓은 구멍에 쇠막대를 꽂아놓아 그리로 한 뼘 만큼의 하늘이 보일 뿐이다. 그처럼 한 뼘의 하늘이 보이는 일반감방은 아예 아무것도 안 보이는 독방 보다야 한 뼘 만큼의 행복이 더 허락된 곳이라고 해야 할지 모르겠다.

중국의 문필가 임어당이 '유한수필'(有閑隨筆)에서 말한 '행복론'이 생각난다. 어느 날 오후, 비가 개어 파란 하늘이 들어나고 풀과 나무 이파리들이 한결 더 싱그러워 보일 때 그는 행복을 느낀다고 했다. 그리고 방안에 들어 온 벌 한 마리가 나갈 곳을 찾지 못해 붕붕대는 것을 보고 창문을 열고 그 벌을 밖으로 내 보낼 때 행복을 느낀다는 것이다.

하지만 요새는 창문이 있어도 열지 못하고 열어도 그다지 행복하지 못하니 임어당 옹의 행복론이 무색하다. 겨울이면 자욱한 독성 스모그 때문에 걸핏하면 창문을 열지 말고 바깥활동을 삼가라고 한다. 미세먼지가 '나쁨' 수준으로 올라가고 공기질의 바로미터로 남산타워가 누런색으로 변하는 날은 사방에 자욱하니 농무(濃霧)가 낀 런던의 뒷골목을 걷는 것 같다.

그래서 우리의 겨울은 우울하다. 오염된 안개는 폐를 썩게 하는 중금속 투성이라니 으스스하다. 그 작은 먼지 알갱이 때문에 숨도 맘대로 못 쉰다면 그건 너무 한 것이 아닌가. 임어당옹이 뭐라고 했건 간에 창을 활짝 열고 햇살을 가득이 불러들이고 가슴을 펴고 맘껏 심호흡을 할 수 있는 그런 게 진정 자유요 행복이 아닐까. 남쪽 창문에 예쁜 커튼을 만들어 달고 즐거워하는 작은 행복이 나는 부럽다.

스타인 백의 단편 '통조림공장 골목'The cannery row에 나오는 젊은 부부가 그랬다. 캘리포니아 해안도시 몬테레이의 변두리, 수도관 매설용 토관 속에 가난한 한 쌍이 살고 있었다.

어느 날 젊은 아내는 주워 온 헝겊조각을 잇대어 밤늦게 까지 커튼을 만들고 있었다. 일마치고 귀가한 남편이 그걸 보고 "이 토관 속에는 창문도 없는데 커튼을 만들어 뭣하려고?" 라고 했지만 아내는 그저 웃기만 한다.

조각보 커튼을 완성한 아내는 창문도 없는 토관 벽에다 줄을 치고 건다. 그리고 어린 아들을 보고 "엄마 행복해?" 라고 물어보라고 한다. 아들이 시키는 대로 "엄마 행복해?" 하면 "그래 엄마는 행복해"라고 대답하는 것이었다.

스타인 백의 '통조림공장 골목'은 샌프란시스코에서 101번 해안도로를 타고 두어 시간 내려가면 몬테레이가 나오는데 거기 그 옛터가 있었다. 몇 해 전, 친구들과 셋이서 차 한 대를 렌트해서 몬테레이를 찾았었다. 그리고 그 통조림공장 골목 옛터에서 잠시 상념에 잠겼던 일이 어제 같다. 시작에서 끝이 없어도 결국은 잠간이기에 세월이라 이름 한 것이라던 어느 시인의 말이 문득 떠오른다.

(인간과 문화, 2914, 3월 통권 10호)

꽃 배달 가던 날

일본여행 갔을 때다. 하루는 몸이 찌뿌둥해서 안마사를 불러 안마를 받은 다음 수고했다며 팁을 줬다. 그랬더니 "죄송합니다. 찌뿌는 계산서에 포함돼 있습니다." 라며 사양하는 것이 아닌가.

하지만 그는 일개 안마사다. 모른 척 받아도 될 텐데 안 받을 돈은 안 받는다는 그들의 자존심이랄까 정직성이 매우 놀라웠다.

미국사람들은 다르다. 수입과 자존심은 별개라고 생각하는 것 같다. 미국의 어떤 호텔 벨 보이는 비번 날이면 쪽 빼 입고 일류신사가 되어 시내의 바에 가서 술도 마시고 호기롭게 팁도 주고 그런다는 얘길 들은 적이 있다. 개처럼 벌어서 정승처럼 쓰는 곳이 미국인 것 같다.

내가 팁을 받아본 것은 미국 살 때였다. 오래 전, 우리식구가 낯선 미국 땅에 겨우 발붙일 무렵… 고1년생이던 큰딸 선영이가 하루는 몸살감기로 꽃가게 아르바이트 일을 못 나가게 되었다.

그런데 하필 그날이 '비서의 날'이라나. 그런 날은 생전 듣도 보도 못 했지만 어쨌거나 비서는 여성이 많으니까 당연히 꽃집이 바빠질 것이 아닌가. 딸애는 한 걱정을 해쌓고 나도 덩달아 걱정이 되었다. 각설이 대목 장날 실수한다고 하필 그런 날 결근하면 꽃가게에 지장이 클 것이다.

생각 끝에 내가 하루 대리근무를 해 주면 어떨까 싶어 선영에게 말했다.

"걱정 마, 아빠가 꽃집에 대신 나가준다. 나 오늘 휴가야"

딸네미 대신 내가 꽃집에 갔더니 매니저가 반기면서 배달을 갈 수 있겠느냐? 트럭을 몰 수 있느냐고 물었다. 배달? 내가 배달민족의 후예가 아닌가. 그런 것 쯤 문제없다며 "노 프라블럼!" 했더니 키를 내주며 갔다 오라고 했다.

트럭 화물칸에는 향기로운 꽃이 그득 실려 있었다. 그 꽃바구니와 부케를 이 회사 저 회사 비서양들에게 전해주는 것이 내 임무였다. 꽃 피는 4월, 젊은 여성들에게 부케를 전해 주는 일이라니… 그들 중에는 머리가 희끗한 할머니 비서양도 있었지만 대개는 꽃다운 젊은 여성들이었다.

직업 중에는 종일 악취 풍기는 쓰레기하치장에서 고되게 일하는 사람들도 있는데 싶었다. 기쁜 소식 전해주는 우체부처럼 꽃 배달은 축복과 사랑을 배달하는 일이 아닌가. 그런 일이라면 평생 노동을 엔조이하며 살 수 있을 텐데 싶었다.

그날은 팁도 넉넉했다. 연인, 친구들이 보내주는 꽃을 한 아름씩 받고 5불, 10불을 주기도 했는데 쩨쩨하게 1불짜리를 꺼내는 비서양은 없었다. 맥도널드 가게에 차를 대고 점심을 먹으며 헤어보니 오전 중에 받은 팁이 70불이 넘었다.

일을 마치고 돌아와서 그 날 수입을 매니저에게 신고할까 하다가 그만 두기로 했다. 종일 트럭을 몰고 다니며 힘들게 번 돈이니까 당연히 내 몫이다. 나는 집에 가서 그 걸 딸아이에게 줬다.

그랬더니 그는 두 손에 돈을 나눠 쥐고 좋아서 깡충깡충 뛰다가 내게 10불짜리 하나를 팁으로 주는 것이었다. 그날은 젊은 여성들에게서 고맙다며 팁을 받았는데 또 다른 젊은 여성에게서 고맙다며 팁을 받은 것이다. 나는 그 돈을 쓰지 않고 내내 지갑에다 모시고 다녔다.

꽃 피고 낙엽 지고 바람이 불고, 그렇게 세월이 흘렀다. 지난주에는 그 딸네미한테서 전화가 왔다. 어디냐고 물으니 비서 아가씨와 뉴욕으로 출장 가는 중이란다. 그녀는 지금 시카고에서 지적재산권 전문 변호사로 일하고 있는데 비서의 날을 잘 챙기라고 했더니 "비서의 날예?"하며 잘 모르겠다는 말투다.

그저께는 이런 일도 있었다. 몇이서 단골 한식집에서 점심을 먹은 다음 한숨 돌리느라고 방바닥에 다리를 뻗고 앉아 있었다. 그 때 여자 종업원이 내 발을 밟고 지나간 것이다.

"아이쿠! 미우면 말로 하지 남의 발은 왜 밟노…"

그러자 그녀는 "아유 선생님 죄송합니다…"하며 쩔쩔 맨다. 난 그녀의 말이 과히 거슬리지 않았다. 요새는 아버지뻘에게 "오빠 오빠" 하질 않나, 천박스럽게 아무한테나 "사장님" 어쩌고 하는데 '선생님'이라 부를 만큼 분별 있는 젊은이도 많지가 않다.

"마 됐고…오늘은 좌우간 수고했어요."

하며 내가 세종대왕님 한 장을 건넸더니 그녀는 또 "고맙습니다 선생님…"하며 초등학생처럼 절을 한다.

놀고먹으면서 명품쇼핑에 태반주사나 맞으며 사는 유한귀족들이 얼마나 많은가. 그런 세상에 식당에서 진 일, 마른 일 가리지 않고 견실하게 사는 여성들은 정말 아름답게 보인다. 택배나 피자배달청년, 청소원 아주머니, 봉제공장 여공…직업 전선에서 땀 흘리는 사람들은 노동의 신성함이 그들을 아름답게 보이게 한다.

나도 평생 그들과 다름없는 근로 직업인이었다. 그래선지 가끔 식당에 가면 거기서 일하는 여성들에게 팁이 아니라 내 작은 마음을 전해주고 싶다. 팁이라면 버터냄새가 나지만 사람의 인정은 그게 아니다. 내 지갑 속의 그 10불짜리, 큰딸에게서 팁으로 받았던 그 달러 돈을 볼 때 마다 그런 생각이 든다.

한방 소화제

간밤에 모기란 놈 때문에 잠을 못잤다. 잠이 들 만하면 "엥" 하고 달려들고 불을 켜면 어디론가 내빼고 없다. 이 한 겨울에 모기라니, 하도 세상이 어지러우니까 모기란 놈들도 정신들이 나간 모양이다.

"문지족"(蚊知足)이란 말이 얼핏 떠오른다. "모기도 자족할 줄을 안다" 그러니 사람이야…라는 신랄한 경구다. 전통찻집 "내 고향"에 걸려 있는 족자에서 보고 감탄했던 글이다. 모기도 먹을 만큼 먹었으면 물러 날 줄을 아는데 사람은 산같이 쌓아 놓고도 "더 더…"한다. 그러니까 사람이 벌레보다, 모기보다 못하다.

하기야 나부터가 어쩌면 모기보다 못한 것이, 안 그러려고 해도 가끔 과식을 한다. 건강에는 소식(小食)이 제일이라는데 그것 하나 철저히 지키지 못한다. 컴퓨터 앞에서 글을 쓰면서 거기에 정신이 팔려 옆에 둔 아몬드 한 접시를 죄다 먹어버린 적도 있다.

먹음직한 음식을 보면 탐식하는 버릇이 자꾸 도지려고 한다. 춥고 배고팠던 어린 시절이 이젠 먼 옛일이건만 내 위장은 아직도 그때의 악몽을 잊지 못하고 있는지도 모르겠다.

어리석은 짓이라 하겠지만 과식을 하면 소화제를 먹는다. 서대문 영천시장 초입의 약방에서 산 한방소화제가 소화불량에는 직방이다. 그러나 "과식을 말고 소화제를 먹지 말지"라고 하면 나는 할 말이 없다. 내 어리석은 짓이 로마시대 귀족들의 못난 버릇과 무엇이 다르겠나…그런 생각이 얼핏 든다.

유케도르의 저서 "로마는 왜 멸망했는가"에서 로마의 부자들과 귀족의 식습관을 읽었다. 그들은 토리쿠리니움이란 와대(臥臺)에 옆으로 비스듬히 누워 온갖 고량진미를 먹고 또 먹었다. 뒤에는 노예가 서서 부채로 바람을 보내고 아리따운 여자 노비가 온몸을 마사지한다. 옆에는 첩이 함께 모로 누워 귀족의 먹는 걸 도와준다.

로마의 요리는 옆으로 누워 집어먹기 좋게 물기 없이 꾸덕

꾸덕한 것들이 많았다. 피자나 스파게티는 이탈리아식이라기보다 원래 로마 음식이었다. 그들은 너무 먹어서 배가 터질 만하면 공작의 깃털로 목을 간질간질해서 노예가 들고 있는 항아리에다 먹은 걸 토해낸다. 그러고는 먹고 또 먹는다.

로마는 목욕탕에 빠져 죽었다고 한다. 그러나 알고 보면 안으로 썩어서 망했다는 말이 맞다는 것이다. 시저는 한해 수입이 국가수입을 능가할 만큼 부자였다. 하지만 로마시민 1백20만명 중에서 절반이 극빈층이었다. 그들은 정부가 주는 구호양곡으로 겨우 연명할 만큼 양극화가 극에 달했다.

말기 로마는 윤리가 땅에 떨어지고 부정부패, 낭비 사치 악덕이 판을 쳤다. 대부분 상류층 유부녀들이 밀통을 즐겼고 정조를 팔았으며 "악덕한 자는 잘 살고 가난한 자는 경멸 당한다"는 곳이 로마였다. 그러다가 망했으니까 로마는 서 고트족의 침입에 의한 외파(外破 Explosion)가 아니라 안으로 썩은 내파(內破 Implosion)로 망했다는 진단이 맞다.

그래서 맹자도 "한 나라는 남이 망우기 전에 반드시 스스로 망할 일을 한다."(國必 自伐以後 人伐之)는 유명한 말을 남겼다. 나라가 외부적 요인으로 망한 예도 없지 않지만 알고 보면 그것도 결국은 내적 모순으로 이미 망해서 산송장 같이 된 것을 외부의 힘이 무너뜨린 것이요 조선의 망국(亡國)이나 로마의 멸망도 죄다 그런 과정을 거쳤다.

그럼 지금 우리는? 심각한 양극화에다 윤리가 땅에 떨어지고 부정부패가 극도에 달한 우리 사회가 로마와 얼마나 다른지 물어봐야 하지 않을까. '헬(지옥)조선'이란 요즘 유행어를 '헤븐(천당)조선'으로 바꾸려면 우리사회가 윤리적으로 건강해져야 하는데 과연 그럴 수 있을까. 위기란 말 'turning point'처럼 위기를 기회로 바꾸기 위해 우리는 도덕적인 건강체조라고 해야 할 것 같다.

"정도(程度)를 넘지 않는 것이 정도(正道)"라던 어느 여성의 글이 생각난다. 평범한 말이지만 정말로 그렇구나 싶다. 욕심도 정도껏 하면 정도를 벗어나지 않고 우리사회도 크게 병들지 않을 텐데… 그런 생각이 든다.

공자님의 중용(中庸)도 별것이겠는가. 정도껏 해서 중도(中度)와 중도(中道)를 지키는 것이 정도이며 중용이란 생각을 해본다.

공처가 구선생

우리 식구가 경북 고령에서 대구로 나온 것이 해방 전 해였다. 행길에는 느릿느릿 우마차가 오가고 목탄 때는 화물차가 "뛰뛰…!"하며 다니던 때였다. 멀리서 낮닭 우는 소리에 멍멍개 짖는 소리가 들릴 만큼 사위가 고요했다.

"삐이—"

겨울밤이면 맹인 안마사들이 불고 다니는 피리소리가 세상 고락(苦樂)을 말하는 듯 쓸쓸하고 구슬프게 들렸다.

"영덕 대게!"

"메밀묵!"

"찹쌀 떠억!"

온갖 행상들이 그렇게 외치며 밤의 골목길을 지나 다녔다.

그러면 간혹 들창이 드르륵 열리며 "어이 찹쌀떡!"하는 소리가 들렸다. 일본 와세다 대학 마치고 와서 우리 집 아래채에 묵고 있던 외삼촌 내외가 행상을 부르는 소리였다. 외삼촌은 외조부의 외동아들로 우리 모친의 막내 동생이었다.

그 소리에 울 엄마는

"어째 저렇게 주전부릴 좋아할꼬. 저녁 먹은 지 얼마 됐다고…"

하고 못 마땅해 했다. 그러면 석간을 읽고 있던 아버지가 웃으면서 이렇게 말했다.

"군 주전부리 좋아하면 딸만 낳는다 카던데…"

실재로 외삼촌 내외는 위로 줄줄이 5공주를 두고 막내로 외동아들을 뒀는데 나는 누가 누군지 끝내 이종사촌 동생들의 얼굴을 구별하지 못했다.

우리나라 최초로 동경의 우에노(上野)음악학원을 나온 이가 "사(死)의 찬미"를 부르고 현해탄에 투신한 윤심덕인데 우리 외숙모 하(何) 여사도 그 우에노를 나왔던 분이었다. 그러나 악성 베토벤이 귀가 먹었듯이 외숙모도 말년에 귀가 먹어 전화도 못 받을 처지였으니 얼마나 딱한가.

어쨌건 그 때는 동네마다 골목길이 있었고 거기 얽힌 사연도 많았다. 도란도란 나직한 밀어가 들릴 듯한 골목길이었다. 그러나 요즘의 집들은 죄다 3-4층의 연립주택이니 골목이 있어도 으스스해서 걸어 다닐 맘이 안 난다.

요새 아파트단지에는 아예 골목이란 게 없다. 성냥 곽 포개 놓은 것 같은 아파트는 사람 사는 곳이라기보다 그저 매매하고 사는 것이요 파는 것일 뿐이다. 이웃 간에는 소가 말보듯 인사도 잘 안 한다. 거기의 소나무들도 불쌍하다. 원래 늠늠한 나무들을 맨 위쪽 가지들만 남기고 아래쪽은 몽땅 쳐버려 야자수도 아니고 소나무도 아닌 별종을 만들어 놓았다.

해방 전후의 물자부족 시대에는 소나무 판자로 담장을 이은 집이 많았다. 그런데 그 송판담장에는 여기저기 옹이구멍이 있고 아래에 "뭘 봐? 보는 사람 눈병 난다"란 경고문이 붙어 있었다.

그래도 사람들은 죄다 한쪽 눈을 구멍에 대고 구경을 하다가 갔다. 미국의 핍쇼우Peep Show처럼 구멍을 통해 집안경치를 구경하는 것이다. 그러나 어린 내 눈에도 그 경고문은 넌센스요 보지 말라면 더 보고 싶은 게 사람 아닌가.

세월이 흘러 고교 1년 때는 등하교 길에 경북여고 담장 밑 골목길을 지나 다녔다. 그러나 나는 그 곳에 오면 모자를 벗어

호주머니에 감춰야 했다. 눈 깜짝할 새 같이 가던 친구녀석이 내 학생모를 벗겨 담장 안으로 날려버리기 때문이다.

한번은 아차 하는 순간 내 모자가 날아갔다. 나는 빠삐용처럼 담장에 허리를 걸치고 "내 모자!" 하고 외쳤다. 그러자

"엄마야!"

하며 여학생들이 놀라 달아났다.

대학 입학할 무렵, 우리 집은 완전히 망해 셋방도 못 얻을 지경이었다. 그 때 세 들어 살던 골목 끝 막다른 집의 주인내외분은 매우 인자했지만 가끔 시끄럽게 구라파전쟁이 일어나는 게 문제였다. 늦은 밤 아저씨가 곤드레가 되어 귀가하면 아주머니가 부지깽이나 싸리 빗자루로 아저씨를 마구 두들겨 팼다.

"아구구! 여편네가 사람 죽이네…!"

아저씨는 엄살을 부리며 내빼다가 장독 뒤나 변소로 숨었다. 사실 아저씨가 맞을 만도 한 것이 다시 안 그런다 해놓고는 며칠 안가서 또 대취해 들어오는 것이었다. 그럼 아주머니는 아저씨를 마구 두들겨 패고 그는 쪽도 못 떼고 얻어맞는, 세상에 드문 공처가였다.

그러나 우당탕 요란한 밤이 지나고 아침이 되면 장독대에

참새들만 짹짹댈 뿐 집안이 괴괴한데 두 내외분은 언제 그랬더냐 싶게 평화무드로 돌아 와 있곤 했다. 밤새 아저씨가 아주머니를 상대로 무슨 공작을 했길레 아주머니가 생글생글 행복하게 웃고 있는지, 참 용하구나 싶었다.

그들을 보고 우리식구들도 웃고 마당가의 채송화들도 빙그레 웃었다. 그때 아저씨는 상서(尙書)여중의 국어 및 서도(書道)선생님이셨고 이름도 구기서(具基書)였으며 동생분이 대구일보 편집부국장 구구서(具球書)씨였다. 그처럼 글 서(書)자가 겹쳤으니 오죽 점잖은 분이었겠는가.

학생들 시험지에는 백점짜리가 있어도 사람에 백점짜리가 어딨노. 그 구선생님은 술 좋아하는 것만 빼면 법 없이도 살 무골호인이었다. 성품도 너그럽고 날 무척 좋아하셨는데 이제는 다 옛일이 되었다. 그리운 모습, 그리운 시절이었다.

(현대문예, 2014. 1-4통권, 제76호)

호디미히 크라스티비

옛 친구가 갔다. 만해선생의 말처럼 먼 산 푸른빛을 깨치고 단풍나무 숲을 향해 난 작은 길을 걸어 멀리 사라져 간 걸까. 그날 저녁, 홍시 한 개를 먹다가 그 놈이 목에 걸리는 통에 저 세상으로 직행했다니 싱거운 사람도 다 있다. 살아서도 싱겁더니 갈 때 역시 미상불 희화적이었다.

땡감을 따 먹어도 이 세상이 좋다고 한다. 그런데 그 많은 사람들 중에 왜 선량한 사람들이 서둘러 떠나는지 나는 그게 궁금하다. 그렇게 하나 둘 다 가고나면 나만 덩그렇게 남게 될까, 아니면 내가 먼저 떠나게 될까. 하나의 개체는 사라져 무화(無化) 되지만 세상은 변하는 게 없으니 죽음이란 무엇인가?

삶과 죽음 따위 촌스러운 명제를 다시 꺼내게 한 그의 부음이었다. 셍케비치의 장편 '쿼바디스'를 떠올린 것도 그 때문이었다. 소설 속의 페테르뉴스란 인물, 그는 로마시대의 대부호이며 네로황제의 총신(寵臣)이었지만 어쩌다가 네로의 비위를 거슬러 죽음을 피할 수 없게 된다.

어느 날 밤, 그는 자기의 저택에 성대한 연회를 베풀고 벗들을 초대했다. 악단이 은은하게 실내악을 연주하는 가운데 그는 밤늦도록 마시며 친구들과 담소했다. 그러다가 문득 일어나 이별의 글을 읽었다.

정든 벗들과 헤어지긴 싫어도 이젠 갈 때가 되었다는 것이었다. 어떤 신도 영생불사를 약속하지 않았으니 지금 떠난다해서 억울할 게 무언가? 그는 이별의 선물로 그림, 도자기 등 귀한 물건들을 벗들에게 골고루 나눠줬다. 그리고 팔을 걷고 주치의에게 독침을 주사해달라고 한다.

그러자 문득 한 아름다운 여성이 페트로뉴스 앞에 나와 함께 가고 싶노라고 했다. 그 젊은 여성은 이웃나라의 귀족이었으나 전쟁포로로 잡혀 와서 노비가 된 것을 독신인 페트로뉴스가 노예신분에서 풀어주고 여생을 살 수 있도록 재산까지 물려줬었다.

그녀에겐 로마에서 풍족하고 자유로운 자유시민의 삶이 보장돼 있었다. 그러나 사모하던 사람이 가고 없는 로마는 아무런 의미가 있을 수 없다면서 진심으로 함께 가기를 원한다는 것이었다. 결국 두 사람은 친구들이 이별을 아쉬워하는 가운데 은은한 실내악을 귓전으로 들으며 영원한 꿈의 세계를 향해 출발하는 것이었다.

죽음의 미학이란 게 있다면 그런 게 아닐까. 로마시대의 초기 기독교신도들이 순교의 길을 택한 것은 신앙의 힘이었다고 하겠지만 페트로뉴스처럼 아무 신도 믿지 않으면서 의연히 죽음을 택하는 것이야 말로 진정 용기있는 행동이라 하겠다.

존재에 대한 투철한 인식에서 죽음이란 것을 보는 사람은 그저 물 한잔 마시듯 허허로운 마음이 될 수가 있을까, 그런 생각을 해 봤다. '유토피아'를 쓴 토마스 모어도 헨리 8세의 여성편력 때문에 처형당했다. 그는 단두대에 목을 내밀고 "내 턱수염은 아무 죄가 없으니 건드리지 말아 달라"며 익살을 부렸다고 한다.

하지만 이순신에서 윤봉길과 안중근 까지 우리 역사에도 생사에 초연했던 의인들은 많았다. 성삼문과 박팽년은 수양대군이 "전하" 한마디만 하면 살려주겠다고 회유했으나 끝내 거절하고 죽음의 길을 택했다.

며칠 전에는 안중근열사가 사형 당하기 전에 썼다는 '견위수명'(見危授命)을 보았다. 안중근의사의 글은 결코 명필은 아니었다. 그러나 죽음을 눈앞에 둔 사람의 글씨가 한 올 흔들림 없이 그처럼 의연한 데는 절로 머리가 숙여지지 않을 수 없었다.

정심정필(正心正筆)－바른 마음에서 바른 글이 나온다. 나도 서예를 하는 사람으로서 과연 그런 꿋꿋한 마음으로 글을 쓸 수 있을까 생각해 봤다. 이승만과 매국노 이완용의 글씨도 본 적이 있지만 기교만 승할 뿐 전혀 어떤 기상을 엿볼 수가 없었다.

밤하늘의 별무리처럼 용기 있는 인물들이 많았던 우리겨레다. 그런데 요즘에는 세상 돌아가는 요 꼬락서니가 무엇인가. 도둑이라도 양산박(梁山泊)에 모였던 큰 도둑들은 나름대로의 의기가 있었지만 한국의 양상군자(梁上君子)들은 새앙쥐의 무리보다 못하다. 그들은 산 같이 쌓아 두고도 더 더! 하기 때문에 나는 그들을 '더더병' 환자로 부르려고 한다.

"호디미히 크라스티비"Hodi mihi Cras tibi라 했다. 대구 계산동

성당에서 본 라틴어 경구인데 "오늘은 나, 내일은 너"의 뜻이란다. 셰익스피어도 "이렇게 왔다가 이렇게 가는 것을"Thus I came and thus I go이라며 한탄했단다. "사는데 까지 살아보는 거지 별 수 있나…" 그런 마음이 된다.

누렇게 나뭇잎이 물들었다. 풀벌레가 운다. 벗도 떠나고 계절도 떠나고… 가을은 떠나는 계절인가. 포물선을 그리며 낙하하는 가을 잎들의 미련 없이 놓아버리는 모습이 허허롭다. 인간들이 가진 욕심이나 집착을 그들에게는 찾아 볼 수 없다. 그게 나는 참 좋아 보인다. (수필문학21, 2003, 제5집)

미클 한 잔!

"다방이 뭐에요? 혹시 야한 곳 아네요?

어떤 청소년이 인터넷에 올린 글이다. 한 번도 다방이란 걸 구경한 적이 없고 한자(漢字)는 완전 까막눈이니 '다방'이란 말뜻을 알 턱이 없다. 슈퍼에 가서 "푸라면 주세요!"하는 것이 요새 아이들이다. "辛라면"의 신(辛)자를 '푸'자인 줄 알기 때문이다.

하지만 한 때는 가장 흔했던 것이 다방과 교회였지만 이제는 약에 쓰려고 해도 다방이 없다. 있다면 '빽다방'이라던가 하는 요상한 이름의 체인식 다방이 가뭄에 콩 나듯이 눈에 띨 뿐이다. 그 '빽다방'이 무슨 다방인가 하고 들어가 봤더니 엉성한 나무걸상이 몇 개 놓여 있고 다방의 기분이 통 나질 않았다.

며칠 전에는 친구 몇이서 남원추어탕집에서 점심을 먹은 후 차라도 한 잔 하고 싶었지만 근처에는 찻집이 없었다. 밖에는 을씨년스럽게 겨울비가 내리지 스타벅스 따위 커피전문점도 없지, 그래서 빈 식당에 우리끼리만 앉아 어두워질 때까지 수다를 떨었다. 수다는 여자만 떠는 게 아닌 모양이다. 결국 다방이 없기 때문에 일어난 일이었다.

과거에는 도시는 물론이고 시골에 가도 다방천지였다. 한 집 건너 다방이요 다방이 두 개 세 개 있는 건물도 많았다.

> "종로라 뒷골목에는 다방도 많은데/ 그 다방 그 아가씨 정말 고와요/ 눈웃음 간들어지게 아양을 살살 떨면서/ 모닝커피 드릴까요 칼피스 드릴까요/ 다방 아가씨…"

황금마차, 샹젤리제, 로즈마리, 물랑루쥬… 예술적이고 로맨틱한 이름은 죄다 다방이름이었던 다방 전성시대였다. 카페베네, 커피빈 등 요새 커피점들은 그 이름에서 멋스러움이 느껴지지 않는다.

"어소세요!"

얼싸안듯 하며 손님을 반기는 곳이 그 때의 다방이었다. 요새처럼 무식하게 "고객님"어쩌고 하질 않고 "선생님" 아니면 "손님"이라고 했다. 담배연기 자욱한 속에 이브 몽탕이나 줄리엣 그레코의 샹송이 흐르고 있었다. 세상은 차가워도 다방은 따스했다. 그 분위기에 반해서 안동의 양반집 3대독자가 다방아가씨를 각시로 맞이한 일도 있었다.

카푸치노, 아메리카노, 라떼…언제부턴지 커피이름도 우리같이 무식한 사람은 알지도 못하게 변했다. 하지만 당시에 커피는 그저 두 가지 '모닝커피'와 '커피'였다.

그 모닝커피에는 꼭 계란노른자를 넣어줬다. 못 먹던 시절이라 영양보충도 하고 커피도 즐기라고 해서였을 것이다. 요즘 신세대들은 커피 향 즐기려고 에스프레소라던가 병아리 오줌만큼 되는 걸 홀짝대지만 그때는 달랐다.

그런데 계란 노른자는 '쌍화탕'에도 넣어줬고 '계란 후라이'도 인기였다. 백년손님 사위가 오면 숨겨놨다가 대접할 정도로 달걀 한 알도 귀하던 때라 커피에 웬 생계란? 하며 웃는다면 그건 인식부족의 소치다.

다방메뉴에는 '목장우유'도 있고 '밀크'도 있었다. '목장우유'와 '밀크'가 어떻게 다른가 하겠지만 '목장우유'는 목장에서 직행한 것이고 '밀크'는 원조물자 우유가루를 끓인 것이니까 질적으로 달랐다.

손님 중에는 밀크란 말이 어려워서 "미클 한 잔!" 하며 주문해도 다방 레지들은 다 알아듣고 밀크를 내왔다. 그리고 지금 사람들은 그 '레지'가 뭐냐고 물을지도 모르지만 그건 '레이디'Lady의 한국식 영어였다.

다방에는 칼피스도 있고 '위티'도 있었다. '도라지 위스키'에다 홍차를 섞은 것이 위티지만 비쌌기 때문에 빈 털털이 실직자들은 "설탕 물 한 잔"을 부탁하다가 레지의 눈총을 맞는 일도 있었다.

주문을 받은 레지 아가씨는 주방 앞에 가서 자기 가슴을 두 손으로 주무르며 손가락으로 V자 신호를 보냈다. 젖가슴을 주무르는 것은 '목장우유'란 뜻이고 V는 두 잔이라는 뜻이었다.

또 손가락으로 자기 코를 가리키고 다른 손가락 하나를 세우면 그건 '코피' 한잔의 의미다. 코에서는 '코피'가 나기 때문이다. 그때는 '커피'라고 하는 사람은 아무도 없고 죄다 '코피'였다. 코피 한 잔 시켜놓고 종일 죽치고 앉아있는 손님은 탁자를 레지가 자꾸 걸레로 훔쳤는데 그건 "빨리 가세요!"의 의미였다.

다방이라면 주요섭의 단편 '아네모네 마담'과 박경리의 '표류도'(漂流島)가 떠오른다. '표류도'에 나오는 다방 '마돈나'는 신문사 옆 골목에 있는데 마담이 지성적 마스크의 독신녀이다. 그곳을 가끔씩 들러 말없이 차를 마시고 가는 중년의 논설위원, 마담은 어느새 그를 사랑하고 있다.

그러나 인간은 떠내려가는 섬처럼 고독한 존재가 아닌가. 아무도 누구의 외로움을 근원적으로 달래줄 수는 수 없다. 그 두 사람도 삶이란 허무의 바다를 표류도처럼 흘러가다가 흔적도 없이 스러져 간다.

반면에 박경리의 장편 '시장과 전장' 속의 우울하고 신비로운 여인 '가화'(嘉禾), 그녀의 이름을 딴 다방 '가화'는 한때 예술인들이 모이는 인기찻집으로 유명했다고 한다.

> "궂은 비 내리는 그 어느 날/ 그야말로 옛날식 다방에 앉아/ 도라지 위스키 한 잔에다/ 짙은 색소폰 소리를 들어 보렴…"

이제 기억의 저쪽에 한 조각 파편처럼 남아 있어도 다방은 우리 삶의 도정에서 또렷이 각인된 특징적 문화현상이었다. 갈 곳도 없고 오라는 데도 없던, 허무 개그 같았던 그때, 지향점을 잃고 방황하는 뭇사람들에게 다방이란 곳이 있었다는 건 얼마나 한 위안이었겠는가.

한 시대를 살았던 뭇 사람들의 애환을 싣고 이제는 멀리 사라져 간 다방, 세월이란 역사의 청소부란 말이 새삼 절실해진다.

제2부

눈깜짝이 양반

됴고약

머리를 깎았다. 그저 이발이 아니고 삭발을 한 것이다. 중이제 머리 못 깎는다고 벌초작업은 일관(日寬)에게 부탁했다. 그는 대구 팔공산 파계사에서 중노릇하다 그만둔 땡추인데 나는 그를 아우님으로 부른다.

그는 화장실의 변기뚜껑에다 나를 앉혀놓고 머릴 깎았다. 화분에 물주는 스프레이로 내 머리에 물을 뿌리고 구성지게 금강경을 읊으며 벌초작업을 했다. 그는 파계사 철웅(哲雄) 스님을 시봉하면서 스님의 머리가 자라면 배코를 쳐 주곤 했다는 것이다. 그러나 이제 철웅 스님도 저 세상으로 가시고 오늘은 또 다른 철웅 선생의 머리를 깎아주고 있으니 이 무슨 업보냐고 했다.

철웅 스님은 나와 이름이 같았다. 한글로나 한자로나 획 하나 안 틀린다. 오래 전 파계사에서 철웅 스님을 처음 뵜을 때였다. 내가 큰 절을 올리고

"스님 처음 뵙습니다. 철웅입니다."

했더니

"뭣이요 철웅? 나도 철웅이 올시다."

하며 웃었다.

불가에서는 옷깃만 스쳐도 큰 인연이라는데 이름이 같다는 게 보통 인연인가. 그러나 그는 이름 난 스님이고 나는 이름 없는 무명씨니까 이름이 같아도 사람의 팔자는 지은 공덕 따라 달라지는 갑다. 그를 모시던 일관거사는 환속 후 서울 낙원동에서 음악기자재 사업을 해서 꽤 돈을 모았지만 이따금 저 멀리 남쪽하늘을 응시하는 눈빛이 알지 못할 회한과 그리움을 가득 머금은 듯 했다.

삭발을 하고나서 내 꼬라지가 궁금해서 거울을 봤다. 그랬더니 웬 땡초 하나가 거기 있는 게 아닌가. 내가 철웅 스님인지 철웅이 나인지 모르겠다. 내가 웃었더니 그도 날 보고 웃고 내가 찡그리니 그도 찡그린다. 내가 웃으면 세상도 날보고 웃어주니 웃으면서 이 풍진세상을 살아야겠다.

나는 등산모를 쓰고 여기저기 다녔다. 장에도 가고 모임에도 갔다. 하루는 식당에 모자를 놓고 나와 맨머리로 걷고 있는데 어떤 여인이 날 보고 합장배례를 하는 것이었다. 그래 나도 걸음을 멈추고 답례를 드렸다. 까까머리로 헐렁한 옷에다 등산작대기 짚은 내가 중으로 보였던 모양이다. 길 가다 아는 사람을 만나면

"중이 되려고?"

하고 물었다. 그러면 난 그저 소이부답(笑而不答)으로 대답했다.

"머릴 왜 싹 밀었어요? 무슨 중대결심 한 겁니까?"

하고 묻기도 했다. 그러면 나는 대꾸했다.

"머리 깎는데 중대결심은 무슨…그냥 깎았지요."

사실 그랬다. 머리에 건선이 생겨 잘 낫지 않았다. 약을 발라야 하는데 뒤통수는 다복솔처럼 빽빽하여 약이 먹히지 않았다. 그렇다고 버짐 난데만 빠꼼하게 헬기장처럼 깎기도 뭣했다.

우리 어릴 적에는 머리통의 종기로 동그란 '됴고약'(趙膏藥) 붙인 아이들이 많았다. 조씨(趙氏)가 만든 고약이라서 '됴고약'이었다. 단발머리 뒤통수에 쇠버짐 난 여자애들도 '됴고약'

을 붙이고 다녔는데 이제 와서 내가 그럴 수도 없고 아예 삭발을 했던 것이다.

한데 의외로 사람들은 내 까까머리가 과히 흉하지가 않단다. 민둥산에 터럭 몇 오라기 남은 것 갖고 발발 떠느니 싹 밀어버리는 게 시원하다는 것이다. 내친 김에 아예 중이 되라는 사람도 있었지만 나 같은 주제에 무슨… 싶었다.

사실 중이 되고 싶은 생각도 없잖았지만 "사랑은 아무나 하나?" 중이 되고 해탈의 대 자유를 얻으려면 단절의 의지가 필요하다. 자루를 뒤집어 털듯이 탈탈 털고 나면 한 없는 그 무엇으로 빈 곳을 채울 수 있다.

중국의 옛 선승들은 "나는 송장이다"를 염했다고 했다. 속세의 나는 이미 죽었는데 무슨 미련이 남았는가. 죽음이 풍화되어 흙으로 돌아가는 것을 지켜보며 마음을 닦는 백골관(白骨觀)을 거치고 나면 집착이 사라지고 허허로운 경지에 이르게 된다.

수행자는 몽땅 버릴 줄 알아야 한다. 일부러라도 가난해야 하고 가난을 즐겨야 한다. 삭풍 부는 산길들길 혼자 걸으며 소금밥 먹고 구름을 벗해 바람처럼 살다가 어느 양지바른 바위 옆에 쪼그리고 앉아 숨을 거두는 사람이 진정한 중이다.

나는 그럴 자신도, 용기도 없어서 감히 중 될 생각을 못했다.

"관자재보살 행심반야바라밀다시…"

그 대신 아침이면 반야심경을 외운다. 내 주위에는 매일 백팔배를 한다는 사람이 더러 있지만 다 떨어진 이 무릎으로 백팔배는 어렵고 반야심경이나 열심히 독송하며 마음 닦는 흉내라도 내 보려고 한다. 끝없는 지혜 마하반야를 품고 있다는 반야심경이 아닌가, 그러다 보면 저 정직한 우자(愚者) 주리반특처럼 나도 덕지덕지한 번뇌망상을 벗어날 때가 있을까.

봄이다! 삼라만상이 기지개를 켜는 계절, 삭발을 한 것이 석 달인가 넉 달인가. 그 새 뒤통수의 건선도 숙지근하고 까까머리에도 잡초가 나우 자랐는가 싶다.

(부산일보, "토요 에세이" 2013. 4. 6.)

싱겁기는 피장파장

울어도 시원찮은데 웃을 정이 어디 있느냐고 한다. 탄핵에, 특검에, 정치는 대혼란인데 경제는 더 엉망이고 정유년 닭의 해에 닭이 수난을 당해 계란마저 얻어먹기 힘든다. 웃기는 커녕 울고 싶은데 뺨까지 얻어맞은 기분이다.

하지만 웃음은 슬플 때를 위해 있고 울음은 기쁠 때를 위해 있다지 않은가. 우리시대의 석학 김태길 박사의 말이다. 그는 "인생이 슬프다는 현실이 웃으며 살라고 하는 결론에 이르게 한다"고 했다.

맞는 말이다. 불경의 가르침대로 어차피 세상은 사바고해가 아닌가. 언제는 우리 삶에 어려움이 없었던가. 어렵다고 찡그리고 있으면 점점 더 우울해진다. 요즘처럼 뒤숭숭한 때일수록 "다 그런거지 뭐"하며 구질구질한 기분을 허허 웃음으로 날려버려야 한다.

웃음과 유머는 정신적인 여유, 인격적 성숙에서 온다. 소나 말도 웃는다고 하지만 진정한 유머는 그것을 생산해 낼 수 있는 마음바탕이 필요하고 지도자는 더욱 그렇다.

미국에서는 지도자의 조건으로 1. 건강하고 배포가 크며 2. 매력적인 스피치 능력 3. Poker face 즉 무표정이 아닌 Photo face 즉 사진 빨 잘 받는 얼굴이라야 하고 4. 유머감각이 풍부해야 한다는 것이다. 그 대표적 인물이 레이건 대통령인데 그는 전직 영화배우답게 나이는 많았어도 인상이 멋지고 동서남북 어디서나 사진 빨을 잘 받는 호남아였다.

매번 기자회견 때는 폭소가 터지고 연설을 하면 웃음바다가 되곤 했다. 지난 81년 저격사건 때는 넨시 여사에게 "머릴 살짝 숙이는 걸 잊어버려 총을 맞았어요."라고 익살을 부렸다. 그리고 1년 후 연설장에서 풍선이 터지자 "그 친구, 또 저격에 실패했군."했다는 얘기는 유명하다. 레이건이 역대 대통령 인기조사에서 매번 10위권에 들어가는 것도 그래서 일 것이다.

한국의 여성대통령은 유머 보다 화낸 얼굴을 더 많이 봤던 것 같다. 한번은 기자가 대면보고는 안 받느냐고 물으니 국무위원들을 향해 "대면보고 그런 게 꼭 필요하세요?"했다. 그러자 웃을 일도 아닌데 국무위원들이 일제히 헤헤헤 웃는 것이었다.

권력자가 한 마디 하면 우습지도 않은데 헤헤헤 웃는 것, 그것이 간신배의 특징이다. 권력자의 말이 우스워서 웃는 것이 아니라 웃음으로 비위를 맞추고 아부하려는 것이므로 그건 비굴한 웃음, 얼버무리는 웃음일 뿐이다.

지도자의 유머로 유명한 인물이 미국의 30대 쿨리지대통령이다. 그가 사슴목장을 방문했는데 영부인이 "숫 사슴이 하루에 몇 번 암컷과 데이트를 하나요?"하고 목장 관리인에게 물었다. 10번이 넘는다고 대답하자 영부인은 그걸 대통령께 좀 말해 달라고 부탁했다.

관리인이 그 말을 전하자 대통령은 "그럼 그 숫사슴이 매번 같은 암컷과 데이트 하나요?"하고 반문했다. 그러자 관리인이 "아니요, 할 때마다 상대를 바꿉니다."고 했다. 그러자 대통령은 "그 사실을 꼭 영부인에게 전해주시오."하고 부탁했다.

그 얘기가 전해져 '쿨리지 효과'로 뇌신경학적 연구과제가 되었다. 모든 동물은 비단 섹스뿐 아니라 도박, 마약, 번지점프나 행글라이딩 등의 극한 스포츠까지 새로운 것을 만나면 도파민이란 뇌 물질이 분비되어 활력과 흥분, 쾌감을 유발한다.

그러나 시간경과에 따라 뇌의 자극전달 기능이 떨어지고 결국 도파민이 끊어지게 된다. 그에 따라 사랑에는 권태기가 오고 어떤 일을 성취하면 첨에는 성취감 만족감에 취하다가도 얼마 안가 공허감을 느끼게 된다고 번즈 교수는 '만족'이란 책에서 설명한다. 우리는 새것에서 행복을 느끼고 묵은 것에 싫증을 느낀다. 히말라야 14좌를 정복한 엄홍길 대장도 정상에 서고나면 왠지 허무감, 공허감이 든다고 했다.

사슴목장 유머로 유명했던 쿨 대통령이 "을씨년스럽다"는 우리 말을 만들어 냈다면 무슨 말인가 할 것이다. 그러나 그가 국무장관 테프트를 시켜 일본외무상 카스라와 카스라-테프트 밀약을 맺고 미국이 필리핀을, 일본이 조선을 삼키는 것을 상호 묵인키로 했다. 결국 을사보호조약으로 우리의 국권을 잃은 것이 지난 1905년 을사년이요. 그 '을사년을 닮았다'는 말이 '을시년 스럽다'로 된 것이기 때문에 그 말은 결국 쿨리지 대통령의 작품이라는 말이 맞지 싶다.

그 '쿨' 대통령 말고 유머로 유명하기는 처칠이었다. 그가 급히 국회로 가다가 교통위반으로 걸리자 "내가 처칠수상인데 공무가 급하니 좀 보내주시오."했다. 그러나 순경은 "우리 수상은 교통위반 따위 할 리가 없어요. 당신은 가짜겠지요." 라며 기어코 딱지를 뗐다. 그 후 그 순경은 수상관저에 불려가 1계급특진을 했다는 것이다.

한국정치인들도 웃긴다. 탄핵정국이 돼 가는 걸 보면 참 가관이다. 검찰 포토라인에 서는 정치인들이 열이면 열 하나같이 "모른다"고 오리발을 내미는 광경도 웃긴다. 비극의 극치는 희극이라고 하지 않던가. 선거 때만 되면 복지관에 가서 난데없이 앞치마 입고 음식을 나르고 재래시장에 가서 안 먹던 장터국수 먹는다며 쇼를 하는 정치인들이야말로 한국 아니면 볼 수 없는 소극(笑劇)이다.

지도자는 국정수행능력이 있고 사리사욕에 얽매지 않는 진실된 인물이어야 하며 유머감각을 지닌 성숙한 인격이라야 한다. 어차피 4-5년마다 총선대선을 치러야 한다면 선택하는 슬기가 우리의 행복과 직결돼 있다는 걸 잊지 말아야 하겠다.

지금 삶이 따분하니 그럴수록 우리는 웃음이 필요하다. 치자다소(癡者多笑), 바보는 실없이 웃기만 한다지만 원래는 착하고 도량이 큰 사람이 웃기도 잘 한다. 그리고 글에도 웃음이 많아야 한다. 읽다가 빙그레 웃게 하는 글, 몽둥이를 솜으로 싸서 쾅 치듯이 우스우면서도 눈물이 찔끔 나오게 하는 글이 좋은 글이다. 나는 못난 글쟁이가 돼서 그러질 못하는 것이 부끄럽다.

그런데 며칠 전에 들었던 스마트폰 유머도 재미있다. 남편이 하루 종일 스마트 폰만 만지작거리고 있길래 아내가 한 마디 했다.

"내가 스마트 폰이라면 좋겠네… 매일 당신은 스마트폰 하고만 놀잖아."

그러자 남편 가로대

"나도 당신이 스마트폰이라면 좋겠는데… 그럼 2년마다 바꿀 수 있잖아."

그래서 남편은 그 날 출근도 못할 정도로 눈텡이가 밤퉁이가 되도록 아내에게 얻어맞았다고 한다. 사슴 목장에 갔던 쿨리지 대통령이나 그 스마트폰 남편이나 싱겁기는 피장파장이다.

눈깜작이 양반

이제 마당가의 워리도 문인 행세를 하게 생겼다. 문인 1만 명 시대라니 말이다. '등단' 또는 '문단에 데뷔' 란 말들이 우스꽝스럽게 들린다고들 한다. 글자 그대로 무대나 연단에 올라가는 게 등단이지 별건가 하는 것이다.

내가 '등단 인증패'란 걸 받은 건 무척 큰 강당에서였다. 조선에서 가장 웅장하게 지었다던 인사동의 천도교 중앙교단이었다. 거기 단상에 그날 등단 패 받을 등단 패(?)들이 죽 앉아 있었다. 마치 3. 1절 날 단상에 도열한 요인들 같았다.

나도 거기에 끼어 단상에 앉아 있다가 문득 단하를 내려다보니 거기에는 뭇 중생들이 바글대고 있었다. 간작은 남자인 나는 쑥스럽고 부끄러웠다. 나라를 구하는 큰일을 한 것도 아닌데 웬 단상… 내가 안 할 짓을 하고 있구나 싶었다.

그런데 주최 측 회장님이 느닷없이 날더러 등단연설을 하라는 것이 아닌가. 짜장면 한 그릇 주문하는 것도 아닌데, 짬도 안주고 '각중에' 연설을 하라는 건 너무 가혹(?)하다. 즉석연설은 사자도 겁을 내어 슬슬 피한다고 하지 않는가.

그렇다고 회장님의 명을 거역할 수도 없고, 참 딱할 딱자였다. 할 수 없이 연단에 나가 서서 바라보니 만당하신 갑남을녀 모두가 나이깨나 잡수신 이들이었다. 퇴직하고 갈 데가 없으니 등산 아니면 등단을 하는 모양이요 '백수 조합원'이란 말이 맞는 것 같았다. 벗어진 정수리가 불빛에 반짝대고 고등계 형사 같은 도리우찌를 쓰거나 빵떡모자를 쓴 '아짐씨'들도 많았다.

나는 아이들 문자로 썰(?)을 풀기 시작했다.

"환갑에 철나더라고 이제 와서 등단이라니 부끄럽군요. 하지만 간장도 익어야 맛이니까 늙었다고 실망하지는 맙시다. 인도에 가서 나이를 물으면 마당가의 저 나무하고 같다고 한다지요. 우리도 나이는 잊어버리고 글이나 많이 씁시다. 그래야 치매도 안 걸립니다."

그런 요지로 무식하게 얼버무리던 생각이 난다.

하지만 요새는 등단하고 나서 새삼스레 글쓰기 공부하러 사회교육원에 다닌다니 별일이다. 박사학위를 받으면 대학에서 가르치고 등단했으면 글쓰기 초보를 가르쳐야지 되레 배우러 다닌다니 알 수 없는 일이다.

모름지기 글 쓰려는 자, 밤 세워 읽고 눈이 아파서 안과를 찾을 만큼 읽어야 한다. 도연명은 "독서를 좋아해서 밥 먹는 것도 잊어버린다"(好讀書 欣然忘食)고 했다. 그런데도 요즘 사람들은 고전 한 권도 채 안 읽고 글 쓰려고들 하니 기름 안 넣고 차를 달리려고 하는 것과 같다.

그러면서 등단했답시고 서로 문우(文友)니 뭐니 불러가며 세미나인지 네미나(?)에 우우 몰려다닌다. 정치꾼들은 도당을 만들어야 되지만 글은 패를 지어야 써지는 게 아닌데 말이다. 헤세는 "고독과 사랑이 문학의 어머니"라고 했는데 고독할 줄도 모르면서 글을 쓰려고 한다.

우리는 역사상 조용한 때가 없었다. 그래서 우리 민족은 조용한 걸 못 참는다. 조용하면 부부싸움이라도 해야 직성이 풀린다. 문학모임이라며 우우 몰려다지는 것도 그 때문이 아닐까 싶다.

한번은 나의 '언론문장론' 강의시간이었다. 학생들에게 과제물로 에세이 한 편씩을 써오라고 했는데 한 여학생이 쓴 글에 이런 게 있었다.

자기 삼촌이 환갑나이에 시인으로 등단을 했다. 그는 부자라 시집을 1천권이나 찍어서 차에 싣고 다니며 선거 전단지처럼 뿌렸다. 그러면서 "이런 감동적인 문학작품은 아무나 쓰는 게 아니다"라며 뽐냈다.

얼마나 감동적인가 하고 읽어 본즉 감동은 개뿔, 하품만 나오고 이게 글이냐 싶더란다. 그래서 그 책을 라면 끓여 먹을 때 냄비 받침으로 썼다는 것이다. 나는 그 여학생에게 'A 뿔따구 학점'을 줬는데 그의 원고를 나는 아직도 간직하고 있다.

못난 석수장이 눈깜작이부터 배운다. 돌 쪼는 기술을 익히기도 못한 주제에 돌조각 튄다고 눈깜작이부터 배우는 통에 눈깜작이 양반 소리를 듣게 됐더란다. 기지도 못하면서 날려고 하고 덜 된 인격이 남을 가르치려 하고 제대로 된 글도 못쓰면서 문사연 하고들 있다. 사회 각 분야에 '달인'들은 적고 반거충가 많으면 우리 사는 세상이 좋아지기 어렵다. 미친 듯 읽고 깊은 사색에 잠겨 고뇌하는 젊은 문학지망생이 많아야 하는데 나부터가 그러질 못하고 있다. ('수필시대', 2014. 7/8월 통권 57호)

우리 허그합시다!

"껴안아 드릴게요."

느닷없이 한 여대생이 지나가는 나를 두 팔로 꼭 껴안았다. 그녀의 머리칼에선 상큼한 들꽃 향내가 났다. 나는 얼떨떨하고 황홀한 기분이 되어 스르르 눈이 감기려고 했다.

하지만 그녀는 금방 껴안았던 팔을 풀고 물러났다. 좋다가 말았다고나 할까, 행복했던 시간은 눈 깜짝할 새 지나가고 말았던 것이다. 포옹이 끝나고 나서 얼핏 쳐다보니 그들이 들고 있는 피켓에는 "프리 허그"라 적혀 있고 빨간색 하트 모양이 그려져 있었다.

누구나 안고 안길 수 있는 자유포옹이니까 '프리'이고 돈도 안 받는 공짜니까 '프리'인 모양이었다. 자유는 공짜가 아니다

Freedom is not free.라지만 프리허그는 공짜에 자유다. 너무 공짜만 밝히면 속물이라며 흉볼지 몰라도 솔직히 프리 허깅은 공짜라서 더욱 좋다.

하지만 생각해 보면 우리 모두 프리허깅하며 컸지 유료로 자란 사람은 잘 없지 싶다. 아름다운 여성이 '프리허깅'이라며 껴안아 주니까 "세상에 이런 일이!"하고 감격할지 몰라도 우리 어머니는 자식을 밤낮 공짜로 업고 안고 키웠다. 그런 크나 큰 은공은 까맣게 잊고 남이 잠시 포옹해주는 것만 황감해 한다.

우리처럼 다정하고 정이 두터운 민족은 없다고 하는데 그것도 우리부모가 지성으로 우리를 보듬어 키운 덕분이다. 서양에서는 갓난아기도 저 혼자 재우지 우리처럼 업고 안고 마른자리 진자리 가려서 키우지는 않는다. 그런 뜨거운 부모의 사랑 속에서 자랐으니 우리는 입에 든 것도 나눠 먹는 정의 국민이 된 것이다. 음식을 손으로 집어서 남의 입에 넣어주는 것은 세계적으로 한국인들뿐이다.

한데 프리허깅이라면 지난번의 자원봉사자 단합대회가 생각난다. 경북 청도(淸道)의 어느 산속 펜션에서 가진 야간모임이었는데 서로 모르는 사람들이라 처음에는 좀 서먹한 분위기였다.

그러나 한 젊은 여성이 "우리 허그해요!"하고 외치자 함께 간 교수님이 "그래요. 자 다들 일어나세요."했다. 그리곤 "우리 모두 서로 허그 합시다…."하며 옆의 사람을 꼭 보듬어 주는 것이었다.

우리시대의 석학 이시형 박사는 우리 건강에 가장 중요한 세 가지 중 첫째가 햇볕, 다음이 리듬운동 특히 걷기인데 하루에 최소 20분을 걸으라고 한다. 셋째가 스킨십 즉 포옹인데 요즘 와서 포옹문화가 사라진 것이 가장 슬픈 일이라고 한다.

사람이 마음의 벽을 트고 하나가 되는 데는 스킨십이 제일이다. 스킨십은 살과 살이 맞닿는 것이며 두 사람이 하나가 되는 결합작용이므로 맞닿은 살을 통해 전기 스파크가 발생하고 영적 교류가 일어난다. 그리고 우정과 신뢰가 싹 트고 엄마 품속에서처럼 마음이 포근해진다.

그날 우리도 그랬다. 허그 덕분에 모두들 형제자매처럼 격의 없이 친해졌다. 나 역시 한 아파트에 살면서 인사도 안하던 여성봉사자와 10년 친구처럼 지나게 되었다.

문득 '포옹'이란 시가 생각난다. 어느 여름날, 남해 외딴 바닷가에서 포옹한 남녀의 백골이 발견되었다. 그들은 옛날 신석기시대, 바닷가에서 동물뼈 낚시로 고기잡이 하며 살던 젊은 부부였다.

무심한 해조음, 그들의 손목에 찬 조가비 팔찌가 잔물결에 찰랑대고, 사람들은 나체 부부가 부끄러워하는 줄도 모르고 자꾸 사진만 찍고…. 희디 흰 신석기 커플의 뼈, 하얀 조개 팔찌, 흰 모레 톱, 전설처럼 슬프고도 아름다운 한 폭의 소묘(素描)와도 같다.

몇 백 년, 몇 천 년을 꿈속에 잠들었을까. 그들 부부는 서로를 껴안은 채 바람소리, 물결소리, 갈매기소리, 먼 우래 소리를 잠결에 들으며 넋이 허공으로 날아가고 육신이 먼지로 풍화되는 줄도 몰랐을 게다. 사랑은 세월을 잊게 한다. 그러나 세월은 사랑을 잊게 한다. 이 가변적인 세상에 시인은 안간힘하듯 사랑의 불변성을 노래하고 싶었던 걸까.

사랑하는 이들이 서로 껴안으면 세월의 덧없음을 잊는다. 어쩌면 죽음까지 망각하고…. 종치는 꼽추 콰지모도와 집시 여인 에스메랄드의 꼭 껴안은 백골이 노틀담 사원 지하묘지에서 발견됐다고 한다. 프랑스 문인 조르쥬 바타유는 "사랑은 작은 죽음을 경험하는 것"이라고 했다.

사랑을 죽음으로까지 승화시켰던 예술가들의 애정지상

주의가 옳았던지는 잘 모르겠다. 하지만 너무 흔해져서 10원짜리 동전처럼 돼버린 오늘날의 사랑 풍속도는 미상불 서글프다.

같은 '프리'라도 미국의 '프리 넙'prenuptial agreement이란 혼전 계약은 참 우습다. 입으로는 사랑을 외치면서 집을 사고 팔 때처럼 서류를 만들고 서명을 한다. 그처럼 비정한 현찰계산이 사랑의 감정과 잘 비벼질지 난 모르겠다.

하얗게 뼈로 남은 그 신석기시대의 사랑은, 순수하고 아름다운 것은 먼지가 되어 날아가고 형해만 남은 우리의 슬픈 현실을 패러디한다. 그들의 천년포옹과 그날 동숭동 연극거리에서 겪었던 갑작 포옹, 천년과 순간의 의미와 그 괴리를 곰곰 생각해 보는 한때였다.

마, 됐구마!

평양은 평안도 사투리로 '피양'이다. 요새는 그 피양의 한 젊은이가 '핵 알갱이'의 비거리(飛距離)늘리려고 용을 쓰고 있지만 왕년에는 피양하면 '파양 난다리'로 유명했다. 불시에 몸을 날려 이마빡으로 상대의 면상을 들이박는 박치기가 난다리다.

일제시대, 피양 난다리와 부산 양아치의 대결이 있었단다. 피양은 물론 난다리였지만 부산선수는 별명이 '아구'였는데 아구는 '아귀'의 부산사투리다. 그리고 '아구'는 "아구통을 돌리다"라고 할 때의 일본어 '아고'로서 '턱주가리'의 뜻이다. 여하간에 '아구'는 귀, 코, 입 등 걸리는 데로 물어뜯는 기술이 그의 장기였다.

한데 그날은 피양이 먼저 선수를 걸어 "딱 !"하고 헤딩이 들어가자 부산이 뒤로 나가떨어지는데 그 순간 피양선수는 자기 코가 썰렁하더란 것이다. 부산이 뒤로 자빠지면서 동시에 피양의 코를 물어뜯었던 것이다.

그런데도 둘 다 항복은 거부했다. 피양은 코를 물어 뜯겨 피투성인데도 "일 업시요!"하고 부산은 콧등이 깨져 피범벅이지만 "마 됐구마!" 했다. 서울사람이 "괜찮아요!"할 걸 피양은 "일 업시오", 부산은 "마 됐구마"한다.

부산 살 때, 하루는 버스를 타고 보니 지갑을 잊고 나와서 수중에는 땡전 한 푼도 없었다. 나는 입장이 난처해서 운전기사에게 양해를 구했다.

"돈이 없네요. 외상으로 합시다."

그러자 그 기사양반, 금방 벌겋게 핏대가 올라 버럭 고함을 질렀다.

"장난치는 기요? 빨리 요금내소, 마!"

나는 할 말이 없어 그저 묵념을 하고 앉았는데 내 앞 좌석의 아저씨가 일어나 천 원짜리를 요금 통에 넣으며 기사에게 말했다.

"저 양반 버스요금, 여게 있구마"

나는 어찌나 미안하고 고맙던지 사례의 말과 함께 전화번호를 알려주면 다음에 갚겠다고 했더니

"마 됐구마!"

하고 내려 버리는 것이었다.

부산사람은 웬만한 건 "마 됐구마"하고 만다. 그런 터프가이 기질이지만 가슴속에는 따스한 정감을 감추고 있다. 부산에서 서울 손님이 택시를 타면 타자마자 목적지와 가는 길까지 세세히 지시하는데 부산 사람은 그게 아니다. 택시기사가 "손님 어데로 모실까요?"하고 물으면 막연하게 "마 쭈욱 가보입시다."하고 만다는 것이다. 나는 대구 산이지만 오래 부산에 살다보니 그런 부산기질을 무의식중에 닮아가고 있다.

하지만 부산 다대포에서 만났던 아지매는 꽤나 별종이었다. 낙동강 하류의 한적한 시골길을 혼자 운전해 가는데 한 뚱뚱한 중년여인이 태워 달라며 손을 흔들고 있었다. 차를 세우자 뒷좌석에 타며 말했다.

"주님 감사합니다."

"?"

나는 주님이 아닌데 주님 감사합니다라니 어리둥절할 수밖에.

그녀를 태우고 한 1-20분 쯤 달렸을까, 갑자기 "저기서 세워주소" 했다. 사뭇 명령조다. 할 수 없이 그 아짐씨의 지시대로 차를 세우자 내리면서 또

"주님 감사합니다."

였다.

한데 그 순간 쾅! 하고 벼락 치는 소리가 나며 대시보드 위의 물 컵이 출렁하고 쏟아지려고 한다. 그녀가 내리면서 문을 너무 세차게 닫았던 것이다.

"밉다고 하니까 업어달라고 하네…아주 골고루 하신다."

나는 혼자 중얼거렸다.

하지만 사실상 인생도처에는 공차가 많지 않은가. 나의 신분이 '지공도사'니까 외출하면 지하철도 공짜요 고궁과 사찰도 공짜다. 중학 때는 집의 형님이 우리학교 지리교사여서 공납금 한 푼 안내고 공차를 탔고 4년 동안 5. 16장학금을 받았으니 대학도 공짜였다. 근본적으로 이 세상에 올 때도 공짜로 오지 차비 내고 오는 사람은 없다. 그리고 난 저 세상 갈 때도 공차 타고 갈 것이다.

지난연말에는 시카고에서 서울까지 1등석을 공짜로 탔다. 원래 내 표는 3등석이었는데 탑승수속 때 다리를 쭉 뻗게 앞

쪽의 버크헤드 석Bulkhead Seat을 부탁했었다. 그녀는 좀 기다려보라며 컴퓨터를 한참 두들기더니 이윽고 하는 말이 "손님 오늘 운이 좋네요. 좋은 좌석을 드릴게요."하는 것이었다.

"어떤 좌석 이길래?" 승무원을 따라 갔더니 나를 1등석으로 안내하는 것이 아닌가. 그건 국무총리나 재벌회장들이 타는 최고급인데 나 같은 무명씨가 팔자에도 없는 호사를 누리며 태평양을 건너 왔다.

항공사들이 1등석을 다 못 팔면 홍보차원에서 공짜 업그레이드를 선물하는 일이 있다는데 그날은 내가 일진이 좋았던 모양이다. 어쨌건 다음 미국 갈 때는 꼭 그녀를 찾아 향수라도 한 병 선물할 작정이다.

소달구지 타고 미루나무 줄지어 선 신작로를 가던 어릴 적이 그립다. 덜거덕덜거덕 굴러가는 달구지 뒤에 슬쩍 올라타면 고삐 쥔 농부가 뒤돌아보고 싱긋 웃었다. 푸른 하늘에는 햇볕이 환하고 흰 구름이 둥실 떠가는 어느 날 오후였다.

인도에서는 걸인에게 보시를 해도 고맙다고 하는 법이 없다고 한다. 적선은 공덕을 쌓는 일이므로 적선하는 사람이 고마워해야지 받는 사람은 감사할 필요가 없다는 것이다. 그러나 주거니 받거니 더불어 사는 세상, 누가 적선하고 누가 감사하면 어떻다는 말인가.

대개 크고 값진 것은 공짜요 값을 따지고 매기는 것은 훨씬 작은 것들이다. 낳고 길러 주신 어버이의 은덕, 우리가 숨 쉬는 공기, 찬란한 햇볕…죄다 공짜가 아닌가. 저 푸른 하늘, 유유히 흘러가는 구름, 아름다운 들꽃, 영롱한 산새소리…모두가 공짜선물이다.

그러고 보면 무척 큰 것에는 감사란 말이 안 어울리는 것 같다. 차라리 "마 됐구마" 또는 "일 없시요"란 말이 제격이랄까. 오늘따라 그런 생각을 새삼 해보게 된다.

(뉴에이지, 2013. 6.30. 창간호)

겁외사

"저 나무 이파리 세어 봐. 몇 개야?"

"그 많은 걸 어떻게 세어요?"

"그래도 난 셀 수 있어."

"어디 세어 봐요."

"그래, 세어볼게. 하나 둘 셋 넷 … 많다! 이파리의 수는 많다야."

나뭇잎의 수가 '많다'라고 한 것은 정말 기발한 아이디어가 아닐 수 없다. 그 수가 '많다'란 그 말을 틀렸다고 할 이유를 찾을 수 없기 때문이다.

그러나 '겁'(劫)이란 숫자는 단순히 '많다'란 말로는 표현할 수 없는 엄청난 그 무엇이 있다. 성철스님의 생가 앞에 있는 겁외사(劫外寺)를 보는 순간 나는 "겁외사라…정말 겁나는 이름이다"고 생각했다. 겁(劫)이란 너무나 엄청나기에 생각만 해도 겁난다고 겁(怯)자가 된 걸까. 그런데 겁을 넘어서는 '겁외'라니 말문이 막혔다.

하늘과 땅이 개벽하고 부터 다음 개벽까지의 기나 긴 세월이 겁이다. 둘레 40리의 큰 바위에 3년마다 천녀가 내려와 비단 옷자락으로 슬쩍 바위를 쓴다. 그렇게 해서 바위가 다 닳아 없어질 때까지가 겁이란다.

그러나 숫자란 것은 본질적인 유한성을 갖고 있으며 인간존재 역시 유한하다. 비록 장수를 누린다 해도 결국은 죽어 흙으로 돌아간다. 헤아릴 수 없이 많은 돈을 가진 부자도, 땡전 한 푼 없는 거지도 빈손으로 독생독사하기는 매 한가지다. 인간은 그처럼 유한하기에 무한한 그 무엇을 희구하는지 모른다.

슈팽글러가 "서양정신의 본질은 무한추구성"이라 했다지만 서양만 그런 것이 아닐 것이다. 기독교도가 영생을 희구하는 것도, 불자들이 아미타불을 염하는 것도 무한에의 향수가 아닐까.

힐턴의 '잃어버린 지평선'이 생각난다. 그가 히말라야에서 이상향 샹그릴라를 찾아 헤매는 것과 워싱턴 어빙의 '립 밴 윙클'Rip Van Winkle이 숲 속에서 하루 밤을 자고 나니 수십 년의 세월이 흘렀다는 얘기도 무한에의 염원에서 나온 얘기일 것이다.

이태백은 그의 시 '독작'(獨酌)에서 "우리 헤어져도 훗날 운한(雲漢)에서 다시 만나자"고 노래했다. 운한이란 '미리네' 즉 은하수요 영원처럼 머나 먼 곳이다. 겁, 영생, 무량수, 운한… 모두 무한한 그 무엇인 점에서 다를 것이 없다.

미국의 태양계우주선 보이저2호는 초속 12킬로다. 음속이 초속 333미터, 소총 탄이 7백 미터인데 보이저2호가 초속 12킬로미터라면 굉장하다. 보이저가 그런 속도로 30년간 날고 또 날아 마침내 해왕성 옆을 지나며 수천 장의 사진을 찍어 지구로 전송했다는 보도다.

그러나 우주적으로 볼 때 보이저가 날아간 것은 광활한 우주의 문지방도 넘지 못한 거리란다. 빛은 똑딱하는 사이에 지구를 여섯 바퀴 돈다. 그런데 밤하늘에 희미하게 보이는 안드로메다는 250만 광년의 거리란다. 내가 안드로메다를 바라 볼 때 그 빛은 아득한 250만 년 전에 그 별을 떠나 지금 내 눈에 도달하는 것이다. KTX로 서울-부산을 세 시간에 주파하는 것과는 비교할 수 없는 수준이다.

우리가 속한 은하계를 빛의 빠르기로 가로 지르는 데는 수백만 년이 걸리고 우주 에는 그런 은하계가 천억 개가 넘는다고 하니 말다했다. "소우주"란 말이 있지만 그 우주에다 작을 소(小)자를 붙이다니 매우 재미있는 발상이다.

그러고 보니 성철스님 생가의 겁외사는 "겸손하라"는 성철스님의 꾸지람으로 들린다. 천문학도 '겸손의 학문'이라고 했다. 광막한 우주 속에 티끌보다 작은 인간존재…나는 칼 세이건의 명저 "우주"The Cosmos를 읽으며 새삼 겸손에 대해 생각해 보았다.

나는 우주를 좋아해서 우주에 관한 것이면 무조건 스크랩한다. 아인슈타인 박사는 새로 태어나면 싱크대 고치는 연관공이 되겠다고 했지만 내가 새로 태어난다면 열심히 공부해서 천문학자가 되고 싶다. 그래서 사람들에게 한 없이 큰 우주를 얘기해 주고 겸손을 배워주고 싶다.

'일미진중 함시방'(一微塵中 含十方)이다. 크나 큰 우주가 있는 반면에 바이러스 보다 미세한 세계도 있다. 달팽이의 두 뿔 사이에도 두개의 나라가 있어 밤낮 싸우고 죽인다. 인간세계도 그 와우각과 아무 다를 게 없다.

가끔씩 먼 하늘에 점점이 비낀 구름을 바라본다. 구만리일까 십만리일까? 하늘은 크고 넓은데 우리 마음은 작고 초라하다. 얼마 전 신문에는 50평짜리 아파트 주민들이 15평짜리와 같이 살기 싫다고 울타리를 쳤다고 한다. 머리 위에는 넓고 큰 하늘이 있는데 인간은 그걸 모르고 있다.

풍각!

"작은 아부지, 많이 바쁘셨던 모양이지예?"

밤늦게 부산 조카가 전화를 했기에 무슨 일인가 했더니 그 날이 제삿날 이었다는 것이다. 우리 어머니 제사는 부산 큰 집에서 모시는데 나는 그 날이 제삿날인 것도 잊고 있었던 것이다. 나는 조카에게 할 말이 없었다. "내가 죽을 때가 된 모양이다. 할 말이 없구나" 그렇게 대답하고 말았다.

그 날 밤은 잠이 오지 않았다. "세상의 아들놈은 죄다 도둑놈이다" 밤늦도록 못 먹는 소주를 홀짝이다가 잠이 들었다.

"어무이!" 나는 어머니를 그렇게 불렀다. 그 보다 더 어릴 적에는 "엄마"라고 부르고 말도 동무처럼 "그래라 저래라"하며 탕탕 놓고 지냈다. 내가 어무이에게 "예"를 붙인 것은 장가

들고 나서, 아이 적 말버릇이 부끄러워졌기 때문이다.

"이게 뭐꼬? 엄마"

엄마의 팔목 안쪽에는 푸르스름한 먹 점 하나가 희미하게 보였는데 그걸 가리키며 물어 본 적이 있다. 그랬더니 그건 시집오기 전 처녀 적에 동무들과 찍은 약속 점이라 했다.

시집가서 고향마을을 떠나도 처녀 적 정든 동무들을 안 잊는다며 손가락 걸고 약속했던 약속점이란다. 나는 그 말에 비로소 엄마에게도 꿈 많은 처녀 적이 있었고 정든 동무가 있었다는 걸 깨달았다. 엄마에게는 친구도 없고 오직 가정을 위한 삶만이 전부요 그 밖의 것은 없는 줄 알았던 것이다.

엄마에게 가장 좋은 동무는 큰 이모였는데 한번 씩 들리시면 마주 앉아 만단설화를 풀어놓는 모양이었다. 큰 이모는 현풍 곽씨 부잣집으로 출가했지만 이모부가 그 큰 재산을 다 털어먹고 탈탈이 보살이 됐던 것도 우리 아부지와 흡사했다. 그래 두자매가 만나면 "우야꼬…"해가며 밤새 얘길 해도 모자라는 모양이었다.

어무이는 무척 내성적이고 조용했지만 한편 재미있고 웃기도 잘했다. 미숫가루 먹을 때는 "풍각!" 해보라고 했다. 풍각은 대구 근처 청도의 지명이다. 미숫가루를 입에 넣고 "풍각!"

하면 입속의 가루가 확 뿜어져 마주 앉은 사람에게 뒤집어씌우고 머리칼에 허옇게 서리가 내리기도 했다. 그러면 죄다 깔깔깔 뒹굴며 웃는 것이었다.

이불호청 마름질할 때도 그랬다. 빨래 줄에 널어서 말린 호청을 둘이서 대청마루에 앉아 마주 잡고 팡팡 잡아당긴다. 그런데 밥 하는 아이는 미리 눈치를 채고 엄마하고는 이불호청 마름질을 안 하려고 했다. 몸이 뒤로 젖혀지도록 호청을 팡팡 잡아 댕겨야 하는데 당기는 순간 엄마가 손을 슬쩍 놓아버린다. 그럼 상대방은 제물에 뒤로 벌렁 자빠지고 또 한바탕 깔깔깔 웃음보가 터지는 것이었다.

엄마는 1908년생이니 옛날 사람이다. 대구 교외 화원이 고향이고 읍내의 화원소학교 4년 졸업이 전부다. 그러나 자신이 학교공부를 했다는 말을 한 번도 한 적이 없었는데 그래도 나는 오다가다 꽤 많은 일본말을 엄마한테서 배웠다.

"타이와 쿠사데모 이이"는 썩어도 준치란 말이다. "이모가 오란다 가보자"란 말도 배웠다. '이모'는 감자, '오란다'는 홀랜드, '가보자'는 호박이다. 그리고 "꾸루미, 꾸루미 쿠다사이"는 "호두를 몽땅 주세요"의 뜻이다. "아시타와 아시타노 카제가 후쿠"는 "내일은 내일의 바람이 분다"의 뜻이다. 미국 소설 "바람과 함께 사라지다"의 휘날레는 "Tomorrow is another day"로 '내일은 또 다른 날'이란 싱거운 말이다. 그걸 "내일은 내일의 해가 뜰 거야"란 말로 바꾼 건 그 일본속담을 '칸닝구'한 것이 아닐까 싶다.

외조부가 용돈 주시던 장면이 생각난다. 그는 화원읍에서 '만유병원'을 개업했던 시골의사였는데 식구들에게 용돈을 줄 때는 휴지를 손에 받치고 있으라하고 핀세트로 돈을 집어서 그 위에 놓아주는 것이었다.

옛날 선비들처럼 돈을 만지지도 세지도 않으려 했던 것인지, 환자들이 내고 간 돈이라 그랬는지 몰라도 떡 주무르듯 돈을 주물러야 돈이 들어오는 법이 아닌가. 그렇게 돈을 더럽다고 해서야 돈이 들어올 리가 없었을 것이다. 하여간 외조부의 그런 청결벽을 닮아선지 엄마는 더한 청결벽이었고 나는 저항감으로 그런 건 닮지 말아야지 하고 결심한 적도 있다.

하지만 "맑은 물에는 큰 고기가 안 논다"는 말은 너무 고식적이요 역시 물은 맑아야 된다고 생각한다. 꾸정한 물을 좋아하는 건 피리 송어 등 잔챙이들이지 상어 고래 같은 대어는 태평양 맑은 물에 산다. 향기로운 걸 좇는 꿀벌은 꽃밭에서 놀지만 썩은 것 좋아하는 파리는 똥구덩이나 찾아다닌다.

엄마가 화사하게 젊던 시절이었다. 엄마와 손잡고 나들이 갈 때 나는 키가 작아 엄마의 얼굴은 안보이고 까만 가죽핸드백만 내 머리 위에 보였다. 하루는 대구 중앙통 백화점 양식부에 가서 오므라이스를 먹은 다음 설탕을 샀다.

그 때는 제2차 대전으로 물자가 부족하던 때였지만 백화점에는 흰 설탕을 수북이 쌓아놓고 팔았다. 천정의 불빛에 설탕 알갱이가 보석처럼 반짝이고 있었다. 점원은 손잡이가 달린 뜨게로 설탕을 종이봉지에 담고 저울에 달아서 팔던 생각이 난다.

어무이가 혼자 처연하게 부르던 모심기 노래가 생각난다.

> "담배 참도 참이라고 점심참이 늦어지네/ 이 물꼬 저 물꼬 다 헐어놓고/ 주인영감은 어디 갔노/ 장터 껄에 다 첩 얻어놓고/ 첩의 집에 놀러나 갔나/ 첩이 그리도 유정터냐/ 낮에도 가고 밤에도 가네/ 낮에는 놀러나 가고 밤에는 자러나 간다…"

시골지주였던 아부지는 흰색 양복, 백구두에 쪼타이 매고 상아손잡이 단장 짚고 다쿠시 카시끼리 (택시대절)해서 휭 하고 어디론가 사라지기 일쑤였고 그러다 그 많은 재산 다 날렸다며 어머니는 노상 푸념이었다. 엄마는 "나는 절(寺)로 갈란다" 소리를 노래처럼 하던 불행한 여인이었다.

이제는 엄마도 아부지도 그 모습이 가물가물하다. 그래도 두 분 부모님 생각만 하면 내가 나쁜 놈이란 생각이 든다. 어버이는 내게 모든 것을 주셨는데 나는 어무이 제삿날도 잊어버렸다.

축소수술

아름다운 것은 속에서 울어는 것인데 요새 사람들은 아름다워지려고 하지 않고 자꾸 예뻐지려고만 한다. 예쁘다는 것은 표피적이며 서양속담에도 "껍질두께"Beauty is but skin deep에 불과하다고 했다.

요즘 서울 인사동이나 명동 같은데 가보면 한복으로 화사하게 차려 입은 젊은 여성들이 거리를 누비고 다닌다. 그러나 자세히 보면 그들은 한복 밑에다 청바지를 입고 신발은 열이면 열 모두 운동화다. 겉만 예쁘게 치장하면 그만이란 것인지, 조금은 실망스럽다.

"아름다움은 안면에 있지 않고 마음속의 빛 그것이다"라고 칼랄 지브란은 말했다. 얼굴 예뻐지는 데만 올인하는 것은 가

치관의 '껍데기 화'가 아닐까. 예뻐진다면 무슨 짓이든 하고 턱을 깎는 수술도 불사하며 "못된 것은 참아도 못난 것은 못 참는다"고 한다. 맑은 하늘, 청정한 산, 먹음직한 과일을 봐도 그들은 아름답다고 하지 않고 "아유 예쁘다!"고 한다.

나는 아름다움은 좋아해도 그저 예쁜 건 가치 있다고 생각하지 않는다. 사람도 기생서방처럼 반지레한 사람에겐 진국이 없고 여자도 간드러지면 미워 보인다. 옛 어른들은 "그 놈 개죽 사발 핥아 논 것처럼 희멀겋게 생겨서 틀렸다"고 했다.

예쁘기보다는 기품이 있어야 한다. 못생긴 용모라도 아름다운 얼굴이 있고 예쁘게 생겼어도 추악할 수가 있다. 얼굴은 얼골이며 얼이 서린 골짜기이므로 인격자는 기품이 얼굴에 나타난다. 나는 얼굴에 자신이 없지만 얼빠진 얼굴은 되지 말아야지 생각한다.

얼굴은 사람 따라 구구각각이다. 조물주는 다양성을 좋아해서 꼭 같은 것을 만들지 않고 일란성 쌍생아도 어느 구석은 다르다. 그러니까 쌍둥이의 마누라도 제 짝은 알아보고 한 이불 덮고 잔다.

그러면서도 사람은 다 같다. 죄다 눈은 두 개고 입은 하나다. 왕년의 명화 '율리시즈'에서는 커크 더글러스가 키클롭스란 외눈박이 괴물에게 잡혀 죽을 뻔 하는 장면이 나오지만 현실세계에서 그런 괴상한 인간이 있을 수 없다.

동질적 이질성이랄까, 한 둘도 아니고 60억을 다 같게, 또 다르게 만든 조물주의 재주는 첨단을 넘는 초첨단이다. 재주는 기(技)-술(術)-예(藝)-도(道)-신(神)의 경지로 나간다 하고 첨단기술은 '예술의 경지'State of the art라고 하지만 조물주의 기술이야말로 바로 예술이 아닐까 한다.

얼굴은 한 줌 크기다. '5천평'이란 연예인도 실재로는 축구공 보다 작다. 그런 작은 면적에다 갖가지 생리적 기능을 고루 배치해 놓은 것도 보통 재주가 아니다. 아무리 다기능 전자제품도 그러지는 못할 것이다.

그러나 안면에서 가장 신비로운 것은 눈이다. "눈을 감아라. 그럼 보일 것이다"고 했다. 생떽쥐베리의 사막여우는 어린왕자에게 "중요한 건 눈에 보이지 않아. 마음으로 봐야 잘 볼 수 있어"라고 충고한다. 그 마음의 눈이 심안이다.

내가 장애인 고용촉진위원으로 있을 때 장애인 등산대회를 했다. 밀어주고 당겨주고 산을 오르는데 만개한 산도화 향기가 주위에 은은히 들렸다. 그때 시각장애인 한 사람이 "야, 정말 곱네요!"하고 감탄하는 것이 아닌가. 시력을 잃었지만 그의 심안은 보통사람 보다 더 밝다는 것을 그날 깨달았다.

옛날에 금슬 좋은 맹인부부가 살았다. 그들이 잉꼬부부란 소문에 하루는 도인이 비법을 알려주고 갔다. 그들은 그 말대로 산속의 샘을 찾아가 그 물로 눈을 씻고 개안을 했다.

하지만 눈을 뜨고 보니 제 짝이 너무 초라했다. 안 보일 때는 내 가시버시가 최고다 싶었는데 알고 보니 매주덩이같이 누렇고 볼품이 없었다. 그들은 눈만 뜨면 싸우다가 결국 헤어져 거지로 떠도는 신세가 되고 말았다는 것이다.

봐도 못 본 척, 들어도 못들은 척, '척'으로 사는 것이 슬기다. 학생 시험지에는 백점짜리가 있어도 사람에게 백점짜리가 어딨노. 사람은 욕심에서 놓여나야 하고 나이 들면 더욱 그렇다. 자기는 엉망이면서 상대방에게만 무턱대고 바라는 것은 과욕이요, 허욕이다. 요즘엔 더러 위장 축소수술이란 걸 한다지 않은가. 수술로 먹는 욕심을 줄이면 체중도 줄고 성인병도 준다.

"아이구 대단하시네요. 그 작은 글자가 다 보입니까?"

그렇게 묻는 사람들이 있다. 신문을 읽는 날 보고 하는 소리다. 나는 평생 근시로 안경 아니면 거의 당달봉사였는데 언제부턴가 눈이 차츰 좋아지더니 이젠 안경 없이도 잘 읽게 되었다. 며칠 전에 안과엘 갔더니 내 눈이 매우 건강하다고 했다.

나이 들면 눈도 간다. 그건 목전의 것에 연연치 말고 한 발 물러서서 내면을 관조하라는 뜻이다. 유유한 먼 구름, 먼 산을 바라보라는 섭리의 가르침이다. 세월 따라 눈은 가도 마음의 눈이 떠지고 젊은이들이 못 보는 것을 나는 본다.

고교졸업 때 공군 조종간부후보에 응시했으나 대전 유성의 공군기술교육단 정밀신체검사에서 미끄러진 건 짝짝이 눈 때문이었다. 조종간부는 2년간 훈련받고 소위로 임관하면서 조종사가 되는 속성코스였다.

나는 땅 위에서만 길게 아니라 창공을 훨훨 날고 싶었던지 모른다. 허나 그때 전투기 조종사가 되었더라면 하늘에서 땅으로 곤두박질해서 죽을 수도 있었는데 눈이 인생코스를 바꿔 놓았다. 이제사 시력이 조금 좋아지는 건 그때 잃었던 청춘의 꿈을 보상해주려는 걸까? 그래 삶이란 결국 공평하구나, 그런 생각을 해 본다. ('문제수필', 한국문화사, 2007. 7. 30.)

많이 살았다?

요새는 키 작으면 비호감이란다. '비호감'은 '호감 안 가는 사람'이란 신세대 용어다. "키작은 남자는 루저Loser"라고 말한 여성도 있다는데 그야말로 망발이다. '루저'는 '실패자'의 뜻이지만 박정희 대통령은 165cm, 등소평 158cm, 나폴레옹 167cm, 흐루시초프 166cm, 레닌 165cm, YS는 169cm의 단신이었다.

미연방 한의사 및 침구사자격을 취득한 필자의 견해로는 적당히 뚱뚱한 단소형 체구가 건강에 유리하다. 키가 작으면 심장병도 적고 혈전도 잘 안 생긴다. 158cm 이하는 178cm 이상보다 암 발병률이 30-40% 낮다는 것이 아인슈타인 의대 카버트 교수의 연구결과다. 장수촌 오키나와는 일본에서 키가 가장 작고 심장질환 사망자도 40% 적다.

이유는 단소형이 부하가 적기 때문이다. 롱다리는 혈액을 멀리 보내느라 심장에 무리가 가고 에너지소비도 많아 노화가 촉진된다는 것이 엔트로피이론이다. 그런데 "나는?" 자문해 본다. 나는 체형도 글렀고 영 자신이 안 선다. 그저 사는 데 까지 살아 볼 수밖에 없지 싶다.

시니어는 애플Apple이란 말이 등장했다. 그건 활동적Active이고 자부심 강하며Pride 안정Peace, 고급문화Luxury, 경제력Economy을 향유하는 노인들이란다. 그러나 우리한국은 OECD에서 노인빈곤률 최악인데 고급문화니 경제력이니 자꾸 그런 소리를 하면 어렵게 사는 노년들은 울고 싶을 때 뺨 맞는 기분이 될 것 같다.

사뮤엘 울만은 "청춘이란 인생의 어떤 기간이 아니라 마음가짐을 말 한다"고 했다. 나이 든 사람도 마음가짐에 따라 뒷방 노인도, 아름다운 시니어도 되며 죽음 역시 마음먹기에 달렸단다. 그런 의미에서 삶을 마감하는 방법으로는 심장마비사(死)가 가장 자비로운 게 아닐까 하는 생각이 든다.

모스크바에서 전차를 타고 가던 의사 지바고는 차창을 통해 전쟁 통에 헤어진 연인 라라를 발견한다. 급히 전차에서 내려

라라를 부르며 뛰어가던 그는 갑작스런 심장마비로 길가에 쓰러져 숨을 거둔다. 그런 죽음이 허무하다고 할 것인가? 허무하기는 커녕 구질구질하지 않고 얼마나 산뜻한가. 죽을 복 있는 자, 그런 혜택을 누릴 수 있을 것이다.

오래 살지 말고 많이 살 일이다. 단순한 산술적 개념의 장수보다 짧아도 보람 있는 일을 하는 것이 많이 사는 것이다. 박경리 소설 '토지'의 불우한 여인 월선(月仙)은 용정에서 한 많은 생을 마치며 "많이 살았다"고 말한다. 비록 소설의 한 대목이지만 깊이 음미해 볼만한 말이 아닌가 한다.

"많이 살았다"는 것은 물리적으로 "오래 살았다"와는 다르다. 그야말로 "Up and down" 울면서 밥을 먹어보고 진 길 마른 길을 걸어 본 사람이 아니면 할 수 없는 것이 그 말이다.

정말이지 나이는 숫자에 불과하다. 풋풋한 나이 열여덟에 죽어도 많이 산 사람이 있고 벽에 똥칠 하도록 오래 살아도 적게 산 사람이 있다. 유관순열사는 18세에 서대문형무소에서 옥사했고 윤봉길의사가 총살형을 당한 것이 25세 때였다. 안중근의사가 순국했을 때 그의 나이 갓 서른이었다. 그들은 서른 안팎을 살다갔지만 여느 사람이 3백년을 살아도 못다 할 일을 했다고 생각한다. 안중근의사의 모친 조 마리아여사는 사형선고를 받은 안 의사에게 이런 편지를 썼다.

> "네가 항소한다면 그것은 일제에게 목숨을 구걸하는 것이다. 나라를 위해 이에 이른즉 딴 마음 먹지 말고 죽어라. 옳은 일 하고 받은 형벌이니 비겁하게 살기를 구하지 말고 대의에 죽는 것이 어미에 대한 효도다. 여기에 너의 수의(壽衣)를 지어 보내니 이 옷을 입고 가거라. 어미는 현세에서 너와 재회하기를 바라지 않으니 다음 세상에서 반드시 선량한 천부의 아들이 되어 이 세상에 나오거라."

위대한 인간의 뒤에는 위대한 어머니가 있다. 조 여사의 편지를 읽으면 가슴이 먹먹해지고 절로 눈물이 난다. 그러나 요새 신세대들은 안중근의사가 내과의사입니까? 하고 묻는다니 말 다했다.

안 의사는 '이등 방맹이'를 처단하려고 그의 사진을 갖다놓고 보고 또 보았다. 자다가 깨어도 알아 볼 만큼 사진으로 얼굴을 익힌 것이다. 그러던 어느 날 안 의사가 잠시 외출하려고 하얼빈 여관의 2층 객실에서 내려오던 참이었다.

안 의사가 1층으로 내려 왔는데 갑자기 그의 앞에 이토가서 있는 것이 아닌가. 안 의사가 즉시 권총을 꺼내 쏘려는 순간, 그 얼굴이 안 의사 자신의 얼굴이더란다. 자나 깨나 철천지원수를 처단하려는 생각에 몰입해서 거울에 비치는 자신을 이토히로부미로 착각했던 것이다.

"化하는 정신", 밥 먹고 잠자는 것도 잊을 만큼 혼과 얼을 기우리면 천지신명도 감동한다. 속된 말로 미쳤다고 할까, 나라사랑에 화했던 안 의사처럼 가치 있는 일에 미칠 수 있어야 하는데 그러지 못한 내가 부끄럽다.

법정스님의 법문집에도 그랬듯이 인생은 1기1회다. 삶은 오직 한 번의 기회요 장기바둑처럼 물시하고 다시 시작할 수 없다. 오직 한번 주어진 The only chance를 가치 있게 쓰자는 것이 일기일회의 정신이다. 월선이는 많이 살았다고 했지만 나 혼자만을 위한 삶, 그것은 작고 적게 사는 것이요 이웃을 위해 사랑을 베푸는 것이 많이 사는 것이 된다.

(기회의 학숙보, 2016. 12. 1, 58호)

호주댁과 개장국

아주머니가 말려도 방정맞게 생긴 강아지가 나만 보면 짖는다. 제 주인을 믿고 호가호위 하는 버릇이 개차반이다.

"요놈이!"

귀찮아서 발을 쾅 구르면 멈칫하다가 더 악을 쓰고 덤빈다. 나는 토끼띠인데 아무래도 토끼와 개는 앙숙인 모양이다.

안 그래도 나는 두 번 씩이나 호환(虎患) 아닌 구환(狗患)을 당했다. '구환'이란 말이 있는지는 몰라도 말이다. 어릴 때, 골목야구를 하고 있는데 시커먼 개가 내 팔목을 물었다. 해방직후 사람들이 좌우로 나뉘어 이전투구(泥田鬪狗)을 벌이던 때라 개도 제 정신이 아니었던 모양이다.

광견병은 치명적인 병이므로 우리 아부지는 급거 상경을 했다. 당시만 해도 대구에는 약이 없고 서울 가야 구할 수 있었다는데 갈 때 토끼 한 쌍을 갖고 갔다는 것이다.

토끼는 왜? 하겠지만 광견병약 제조에는 토끼가 필요하다는 것이었다. "안 보이 저거 아부지 안 보이 아나"란 속말대로 안 봤으니 알 수 없는 얘기다. 대구역에서 밤차를 타면 밤새 철거덕 척! 달려 이튿날 새벽에야 서울에 도착하던 시절이었다.

그 주사약을 대구 중앙통의 대산병원(大山病院)에 다니며 열흘 넘게 등짝에다 맞았다. 그렇게 해서 살아남았으니 부친의 은공은 말할 나위 없고 나 땜에 희생되었을 토공(兎公)에게도 큰 신세를 진 셈이다.

또 한 번은 결혼 직후 정릉 어느 한옥 아래채에 세 들어 살 때다. 그 때 대문을 들어서는 내 다리를 주인집 개가 덥석 물었다. 바지를 걷고 보니 무릎 아래 족삼리(足三里)께에서 피가 흐르고 있었다.

주인아저씨와 나는 그 놈을 가축병원에 입원시켰다. 며칠 격리시켜 보균여부를 검사해야 한다는 것이다. 결국 정상으로 판명되었기 망정이지 안 그랬더라면 그나 나나 둘 다 큰 곤욕을 치를 뻔 했다.

만고영웅 징기스칸이 개를 무서워했다지만 나 역시 개는 별로다. 그러나 두 번씩이나 개에게 물렸어도 중국의 노신(魯迅)처럼 걷어차거나 한 적은 없다. 그리고 개장국도 나는 먹지 않는다. 의사가 건강을 위해 개장국을 먹으라고, 자기도 개장국 마니아라며 적극 권했지만 나는 먹지 않았다.

나는 평생 개에게 신사적으로 대했다. 그러나 누구처럼 개와 뽀뽀를 하고 한 이불 덮고 잘 생각도 없다. 누가 뭐래도 개는 개일 뿐이다. 개를 마누라나 자식처럼 귀여워하면서도 개고기를 탐식하는 사람들의 2중성을 나는 이해할 수 없다.

친구 중에 애견가로 자처하는 사람이 있다. 그는 새앙쥐처럼 생긴 지와와에게 꼬까옷을 입히고 신발도 사다 신긴다. "개발에 대갈"이란 말도 있지만 개발에 신발이 될 말인가.

그는 강아지에게 "얘야 아빠한테 와봐…"한다. 또 자기 아내를 보고 "엄마한테 가봐…"한다. '개자식'하면 큰 욕으로 알았는데 그들은 개의 애비어미를 자처하고 있다. 그런 그들이 개고기를 무척 좋아하니 혼란스럽지 않을 수 없다.

우리 집 둘째가 네 다섯 살 적 일이다. 지금은 8척거구지만 그 때는 통 밥을 먹지 않아 무던히 속을 썩였다. 하루는 퇴근해서 집엘 가니 아내가 거무죽죽한 국물을 아들놈에게 떠먹이고 있었다.

"그 녀석 오늘은 제법 잘 받아먹네. 그 무슨 국물인고?"

"맛있는 소고기국이랍니다"

그러면서 내게 눈 깜짝이를 했다. 나중에 아내가 실토하는 말에 나는 놀라지 않을 수 없었다. 그건 그녀가 친정에서 데려다 기르던 검둥이를 개소주로 만든 것이란 설명이다. 이젠 늙어 눈곱이 끼고 털도 부스스하니 아들 보신이나 시키려고 토사구팽(兎死狗烹) 시켰던 것이다.

그래선지 아들 녀석은 제법 밥을 먹기 시작했다. 오동통 볼에 살이 오르고 제법 사람 꼴을 갖추게 된 것이다. 프랑스의 베베BB라던가 하는 늙은 여배우가 들으면 기함 하겠지만 보신탕은 역시 최고의 보약인 모양이다.

한데 자유당시절 훠스트 레디였던 호주 댁이 나들이 하다가 "개장국"이란 간판을 보고 물었다. "저 개장국이란 것이 무엇인가요?" 느닷없는 질문에 비서관은 당황했다. 그게 개고기란 걸 실토했다간 야만적이라며 불호령이 내리고 죄다 폐업 해야 할지 모른다. 그래서 둘러 댄 말이 이랬다. "예예, 저건 건설부의 주택 개장국입니다…" 주택개장(改裝)이면 지금의 리모델링 아닌가. 하여간에 믿거나 말거나다.

한데 원래 재래종 워리는 별명이 '똥개'였다. 어린애가 마당에서 뒤를 보고 "워리 워리…!" 부르면 부리나케 달려가 냉큼 주워 먹었다. 호강에 겨운 요즘 귀족 개들에게 그랬다간 "개를 어찌 보고…"하며 큰 난리가 났을 것이다.

이제는 그 순덕이 토종 워리들은 다 어디로 가고 골로 빠진 서양개들만 설치고 다닌다. 노숙자들은 지하도나 대합실에서 쫓겨나는데 견공들은 홍삼 달인 물 먹고 개 호텔에서 잠을 잔다.

"멍 멍"

그래도 멀리서 개 짖는 소리는 평화롭고 고즈넉하게 들린다. 영천(永川) 화북이란 산골에 살 때, 길게 낮닭이 울고 나면 멍멍…하고 개 짖는 소리가 꿈속처럼 들리곤 했다. 거기에는 시정(詩情)이 있고 그리움이 묻어 있다. 논배미에서는 개구리가 울고 뒷산의 뻐꾸기 우는 소리에 멍멍 개 짖는 소리가 들리던 그 시절이 어제 같다. ('문예한국' 2003. 여름호)

제3부
두 개의 액자

검은 사각형

순수가 사라진 세상, 심지어는 밤의 어둠까지도 순수성을 잃고 잡탕이 돼가고 있는 요즘이다. 고층건물의 창문으로 비치는 불빛, 개미 떼 같은 자동차들의 헤드라이트, 네온사인, 쇼윈도, 가로등, 방범등이 쏟아내는 불빛으로 야밤중도 낮처럼 훤하다.

미국 유타주 부라이스 캐년(Brice Canyon)에는 '밤하늘 보호지구'(Dark Sky Preserve)가 있다고 한다. 광선이 함부로 비치는 것을 막아서 밤하늘의 아름다움을 보호하기 위한 것이다. 환상적인 밤하늘의 별들을 잘 보려고 일정기간 소등시간을 설정한 도시도 있고 모기를 죽이려고 살충제를 뿌리는 것도 맘대로 할 수 없게 하는 곳도 있다. 생태계는 자연상태로

둬야지 모기라고 해서 마구 죽이면 먹이가 없어진 새들이 멸종위기를 맞는다. 참말이지 성철스님의 말마따나 산을 산이요 물은 물이라고 할 밖에 없다.

"어둡고 괴로워라 밤도 길더니…"라는 노래처럼 우리는 무조건 밤의 어둠을 배격하지만 어둠도 엄연히 하나의 자연현상이 아닌가. 그리고 어둠의 공덕이 하나 둘일까. 남녀가 사랑의 밀어를 나누는 데는 눈부신 밝음보다 차라리 적당한 어둠이 필요하고 모든 예술활동도 마찬가지다.

한국인의 정(情) 이란 것도 눈부시게 밝은 것 보다 조금 어둑어둑한 것이 아닐까. 머리털에 홈 파듯이 따지기보다 어렴풋한 달빛처럼 인간과의 관계를 감싸주고 덮어주는데 따듯한 정감이 흐르는 것이 아닐까. 고려 시인 이규보(李奎報)는 "밝은 거울은 자기의 결점이 다 들어나지만 세상에는 잘난 사람보다 못난 사람이 더 많아서 흐린 거울이 더 덕스럽고 정겹다."고 썼다.

대낮에 극장에 들어가 영화나 연극을 보는 것처럼 싱거운 일도 없다. 한낮이라도 비나 눈이 내리는 날이면 몰라도 다른 사람들은 먹고 살려고 아등바등하는데 대낮부터 극장에 들어가 영화 따위나 보고 있다면 그건 양심에 찔리는 일이다.

부끄럽고 못난 것을 가려주고 숨겨주는 어둠, 잘난 사람도 많지만 세상에는 어디론가 숨고 싶은 불쌍한 사람들이 너무 많기에 어둠이 좀 더 필요한 것이 아닐까. 그게 어둠의 공덕이라면 공덕이 아닐까 한다.

"Black is beautiful!" 검은 것이 아름답다는 말이 유행했던 적이 있다. 사실상 흰 양복에 쪼 타이 맨 억지 멋쟁이는 약장수 같아 우습지만 오케스트라 지휘자의 검은 연미복, 묵흔이 은은히 스미는 수묵화, 검은 벨벳 밤하늘에 영롱하게 반짝이는 별들, 흑인 미인의 입술에 칠해진 붉은 루주… 그런 걸 보면 검은 것이 아름답다는 말에 공감이 간다.

그래선지 우리주변에는 검정색 톤이 많다. 테두리와 스크린 전체가 검은 4각형인 TV하며 컴퓨터, 불 꺼진 창문, 스마트폰도 검정이고 높으신 분의 승용차는 대개 검정 색이다. 그리고 예로부터 새까만 눈동자와 눈썹, 칡흑 같은 머리채의 3흑을 미인으로 쳤는데 백옥같은 살갗도 검정색이 있기에 그 아름다움이 더욱 두드러지는 것이 아닌가 싶다.

서양에서도 금발의 블론드와 흑발의 브루넷이 있지만 동양 사람인 나의 시각으로는 엘리저벳 테일러 같은 서양의 흑발 미인이 금발보다 월등 아름다운 것 같다. 그러기에 서양의 주부들은 남편이 바람피우는 걸 절대 용서할 수 없지만 리스 테일러라면 예외라고 했다지 않는가. 리즈는 너무 아름다워서 남자들이 매혹당하는 것은 불가항력이라고 친다는 것이다.

그런데 검정색이라면 가장 깊은 인상을 받은 것이 러시아 화가 말레비치의 그림 '검은 사각형'이다. 흰색 액자 안에 검정으로 칠해진 큼직한 네모꼴 하나가 전부인 그림… 미국 시카고 시절, 나는 그 초현실주의 미술을 순회전시회에서 보았다.

그림이라기 보다 단순한 검정색 칠을 한 하나의 네모꼴이 예술작품일 수가 있는가. 그것도 역사적으로 유명한 전위예술이라니. 뒤상이란 괴짜는 수세식 변기를 갖다놓고 "샘"Fountain이란 이름으로 전시를 했다지만 나로서는 그 검은 색 네모꼴을 전위예술이라고 하는 것을 이해 할 수 없었다.

그러나 나중에 작품해설을 읽어보고서야 그 "검은 사각형"의 의미를 깨닫게 됐다. 무엇보다도 검정은 모든 잡스러운 것을 덮는 순수가 아닌가. 더 이상 더러워 질수도, 맑아 질수도 없는, 하나의 '절대 칼러'가 검정이란 것이다.

검은 정사각형은 누구나 그릴 수 있지만 누구도 더 잘 그릴 수가 없는 절대평등이다. 부자건 가난뱅이건 누구나 검정 칠은 할 수 있다. 그리고 정사각형은 위로, 아래로, 옆으로, 아무렇게 봐도 정사각형이요 배웠건 못 배웠건 아무나 봐도 마찬가지다.

바로 우리 사는 곳이 그런 세상이 돼야 하는 것이 아닐까. 양극화니 뭐니 하는 인위적 차별이, 최순실이 같은 특권이 살맛 안 나게 하는 그런 세상 말고, 잘 났거나 못 났거나 다 같은 사람으로 대접 받고 사는 그런 세상을 말레비치는 외치고 싶었을 것이다.

살고, 살리워지고 우주의 일체만물은 서로 의지하고 산다. 즉 상대의존관계에 있다. 그것이 인연의 관계요 우리가 상생(相生)하고 더불어 살아야 하는 이유다. 사람은 자기 혼자만의 자기가 아니다. 모든 것으로 해서 길러지고 있는 나, 일체의 모든 것으로 해서 살리워지고 있는 나임을 알 때 우리는 새삼 사회의 은혜를 절감하게 된다.

나는 작품해설을 보고서야 검정 네모꼴에 깊이 공감하고 심취했다. 그건 얼마나 용감하고 위대한 발상인가, 낡은 고정관념을 깨고 새로운 세계를 지향했던 예술가, 인간사회는 그런 용기와 도전정신이 있기에 발전해 나가는 것이 아닐까, 그런 생각을 해 봤다.

입에서 가시가…

엄마와 식사하던 초등학생 딸내미가 물었다.

"엄마 왜 그래? 입에서 뭘 꺼내?"

"응 생선가시…"

그러자 꼬마가 한심하다는 듯 말했다.

"엄마, 그러니까 책 좀 읽어. 책 안 읽으니까 입에서 가시가 나오잖아"

안중근의사도 "하루만 책 안 읽으면 입에서 가시가 나온다"(一日不讀書 口中生荊棘)고 했으니 꼬마의 말이 맞다.

탈장수술을 받고 누워서 책 몇권을 읽었다. 책 읽기는 야동우(夜冬雨), 밤에 그리고 겨울과 비 오는 날이 좋다지만 아파 누웠을 때도 책 읽기 좋은 기회다. 그래야 아픈 것도 잊고 지

겨운 병실에서 견디기도 쉽다.

이번에 읽은 것은 중국현실을 풀어 쓴 조정래 작가의 '정글만리'와 시바료타로(司馬遼太郎)의 '언덕위의 구름'이었다. 러시아-일본 간의 쓰시마(對馬島)해전을 소설형식으로 쓴 것이 '언덕위의 구름'인데 대단한 역작이었다. 저자의 박람강기함, 한가지 소설을 쓰기 위해 그처럼 많은 공부를 했다는 점이 놀라웠다.

1905년의 쓰시마해전은 세계사를 바꾼 대사건이다. "질그릇이나 구워 팔던 동양의 소국"일본이 북극곰 러시아를 누르자 세계가 놀랐다. 그로 해서 일본은 군사강국으로 떠오르고 러시아는 사회주의 혁명으로 차르체제가 무너지고 공산정권이 들어서는 등 연쇄반응이 일어난다.

또한, 1905년 을사년은 근대 우리 민족사에서 가장 불행한 해였다. 러－일전쟁에서 대승한 일본이 조선강탈을 본격화한 해, 을사보호조약이 억지 체결된 해, 미－일 간에 카스라－테프트 밀약으로 필리핀과 조선을 서로 삼키기로 했던 해가 을사년이다. "을씨년스럽다"는 말은 "을사년스럽다"에서 나왔다고 한다.

러－일전쟁은 당초에 러시아 횡단 철도가 원인이었다. 삭풍과 눈보라 속을 잇는 두 줄기 쇠줄이 참혹한 전쟁을 불러오고 수많은 문학의 소재가 되기도 했다. 톨스토이의 '안나 카레니나'가 모스크바로 간 것도, 지바고 일가가 우랄산맥의 산촌 바리키노로 간 것도 시베리아 철도였다.

그 철로로 해서 영국과 일본의 입지가가 흔들릴 판이었다. 그게 전쟁의 사단이었고 막상 전쟁이 터지자 영국은 일본원정에 나선 러시아함대의 스에즈운하 통과를 막았다. 그 통에 50척의 군함에 1만2천명이나 되는 대함대가 머나먼 바닷길을 반년이나 헤매야 했다.

죽을 고생끝에 그들이 대마도 부근에 이르렀을 때는 전군이 기진한 상태였다. 진해항에서 기다리고 있던 일본함대는 그들을 철저히 궤멸시킨다. 당시 일본 사령관은 도고 헤이하치로였으나 보다 돋보이는 것은 아키야마 사네유키(秋山眞之)란 작전참모의 애국심이다.

당시 아키야마 참모의 고민은 러시아함대의 침로였다. 적의 방향을 알아야 작전계획을 짤 수 있었다. 러 함대는 과연 어느 방향으로 올 것인가? 밤낮 그 문제로 고민하던 아키야마참모가 깜박 조는 새에 꿈을 꾼다. 꿈에는 검푸른 바닷물이 넘실대는 쓰시마해협이 선명하고 거기로 러시아함대가 항진해 오는 광경이 똑똑히 보였다. “요시, 이젠 됐구나!” 하는 순간 잠을 깼다.

그는 그 꿈이 신의 계시로 확신하고 작전계획을 서둘렀는데 막상 해전이 시작되자 현장은 꿈에서 본 것과 꼭 같았다고 한다. 주변바다와 러시아함대의 움직임 등 모든 것이 꿈에서 본 그대로였다.

이틀간의 해전은 완전 일방게임이었다. 일본의 피해는 미미한데 러시아는 1만톤급 거함 6척을 포함해서 21척이 격침, 17척이 도주 또는 나포됐으며 5천명이 전사, 6천명이 포로가 됐다. 그런 일본의 대승리는 사네유키 같은 열렬한 애국자가 있었기에 가능했을 것이다.

이등방맹이를 저격했던 안중근의사가 사형집행을 앞두고 여순감옥에서 쓴 글 “국가안위 노심초사”(國家安危勞心焦思)를 본 일이 있다. 나라가 위태로운데 어찌 속을 태우지 않겠는가의 뜻이다. 사형을 앞두고도 터럭 한 올 흔들림 없는 글씨였다. 나 역시 서예를 하지만 그처럼 꿋꿋한 정심정필(正心正筆)은 참으로 놀라웠다.

백범 김구선생은 일본경찰에 잡혀 밤새 고문을 당하고 감방에 돌아와 혼자 울었다고 한다. 고문당한 것이 아파서 운 것이 아니었다. 일본인은 비록 말단 순사들도 밤새도록 어르고 때리고 취조하고 제 나라를 위해 밤을 새는데 우리는 누가 나라를 위해 밤을 새는가, 한스러워 울었다는 것이다.

지금 우리나라에는 나라를 위해 밤을 새기는 커녕 돈꿈 꾸느라 밤을 새는 사람은 많다. 예산을 들어먹은 해군 지휘관이 군함에 음파탐지기 아닌 어군탐지기를 달고 국가기밀을 빼내 팔아 수십억원을 챙긴 해참총장들도 있었다.

아키야마참모는 비록 일본인이었지만 우리는 그런 인물이 부럽다. 꿈에서도 나라를 위해 고민하는 사람, 백범선생처럼 나라를 위해 감방에서 우는 그런 사람 어디 없소? 외치고 싶다. (농협동인, 2016. 7/8월호 Vol. 208.)

알부남

현명한 사람은 생과 사가 둘이 아니란 것을 안다. 삶이란 들끓는 바다에 홀로 뛰어드는 것이요, 죽음은 새가 조롱 속에서 나오는 것과 같고 부스럼 딱지가 떨어지는 것과 같다. 우리 시대의 고사(高士)요, 달사(達士)였던 민립 김상훈 선생 그는 이제 말이 없지만 그런 이치를 잘 알고 있을 것이다. 죽음은 온갖 예속과 구속에서 우리를 해방한다. 그가 아꼈던 신문 부산일보, 그 앞에서의 노제에서 나는 잠시 그런 생각에 잠겼었다.

부산일보에서 30년을 일하며 논설위원과 주필, 사장을 지냈던 민립 김상훈(民笠 金尙勳) 선생 그가 생전에 도와준 사람이 비단 한둘이었던가. 취직시켜서 살 길을 열어 주고, 처녀 총각 짝 지워 주례 서주고, 시비(詩碑)와 음악비 세워주고… 좋은 일 참 많이 했다. 성악발표회며 서예전을 열어 예술가들 띄워주는 일도 많이 했고 장애인복지를 위해서는 더 많은 일을 했던 걸 아는 사람은 다 안다.

그 정도면 영결식장이 미어 질 텐데, 그러질 않고 조촐하고 간소한 것이 오히려 이상할 정도였다. 그는 허공에 날아가는 새 보고도 한 잔하고 가소 붙드는 사람이었다. “어이 화촌으로 나오소…”해서 가보면 거기에는 꼭 대여섯이 진을 치고 있었다. 사장실로 가도 많은 사람이 차례를 기다리고 있었다.

모두들 제각기, 식당 사장도 그를 친구라 했다. 사람들은 그를 가만 놔 두지 않았다. 너무들 찾아가서 시간과 에너지를 뺐고 괴롭혔다. 하루에 네다섯 시간 밖에 자지 못했다니 돌덩이도 견뎌내기 어려웠을 게다. 부산일보 같은 대신문사를 끌고 가야지, 거기다 무슨 무슨 협회일 하며… 천날 만날 방방곡곡 뛰어다닌데다 경음마식(鯨飮馬食)으로 술을 들이켰으니 몸이 어찌 되겠는가.

그는 경북중 36회이고 나는 38회다. 나의 2년 선배인데 나이는 나보다 3년이 위다. 그렇지만 같은 대구일보를 나는 64년에 들어갔고 그는 67년에 들어갔으니 언론계는 내가 3년 선배인 셈이다.

내가 경북중학에 입학했을 때 한 동네의 김상훈이 우리학교 3학년이었다. 그때 우리는 백(白)3선 교모에 소매에도 백3선을 달았는데 등하교 때 가끔 만나 함께 걸으면 동네사람들이 선망의 눈초리로 우릴 바라보았다. 개교기념일 운동회 때는 수성천 강둑에서 1Km 단축마라톤을 했는데 그가 내 옆에서 뛰면서 호흡을 조절하라며 응원해 주던 생각이 난다. 그게 지난 51년이었으니 우리의 우정은 무려 65년이요, 평생 동지란 말이 맞다. 그러다가 우리는 대구일보에서 함께 일했으니 그게 보통 인연인가.

그 후 그는 부산일보 논설위원, 주필, 사장을 했고 나는 국제신문에서 글을 썼다. 한국 제2의 도시 부산, 거기 2대 일간지 부산일보와 국제신문, 거기서 우리 두 대구 촌뜨기가 논객으로 글을 쓴 것도 인연이라면 인연이라 하겠다. 그처럼 얽힌 사연이 많고도 많았는데 미련 없이 가버린 그가 이제사 더욱 그립다.

그때가 언제였던가, 하루는 그를 만나자 내게 봉투 하나를 주는 것이었다. 그래서 물어봤다.

"이게 뭡니까?"

“원고료. 작아서 미안해요”

“원고료? 무슨 글 원고룐데요?”

했더니 얼마 전 그가 주관해서 내는 책에다 내가 글을 썼는데 그 글 값이란다. 그래서 내가

“형님이 내는 책에 쓴 건데 원고료는 무슨… 마 치아뿌소”

내가 봉투를 도루 주려고 하니까 그가 이렇게 말했다.

“다른 사람한테는 원고료 없데이. 배 위원은 글 써서 먹고 사는 글쟁이 아닌교. 쩨쩨하게 글쟁이 돈 떼먹으면 죄 받는다 앙이가. 마 넣어두소”

그럼 그날 저녁 값은 그걸로 계산한다고 했더니 밥값도 다 계산됐다는 것이었다. 그는 남을 도와줬으며 줬지 폐 끼치길 싫어한 순수파였다.

그는 정말이지 가슴이 따스했다. 겉으로는 엄정한 언론인이요 경영인이었지만 알고 보면 부드러운 남자 ‘알부남’이었다. 주변에 그토록 많은 사람들이 있었던 건 그런 그를 좋아했기 때문이 아니었나 싶다.

우리 둘은 가끔 파라다이스 비치의 사우나에 가서 피로를 풀고 ‘목욕탕 대화’를 나눴다. 옷을 벗고 발가숭이가 되면 긴장이 풀어져 마음까지 벗게 되는 것이 목욕탕문화다. 그는 다

분히 풍운아 기질이 있고 그 자신도 풍운아라는 말을 좋아했던 오도꼬(대장부)였지만 내면을 들여다보면 다분히 시적이고 감상적인, 어쩌면 여자 같은 일면이 있었다고 난 생각한다.

금강산도 식후경이고 우리는 노래방도 식후경이었다. 저녁 먹고 노래방에 가서 한 곡조 뽑기를 즐겼는데 그의 레퍼토리는 주로 동요였고 "엄마가 섬 그늘에 굴 따러 가면 아기가 혼자 남아 집을 보다가…"하는 '섬집 아기'가 18번이었다. 그러고 홍난파의 '낮에 나온 반달'도 즐겨 불렀다. 동요는 때 묻지 않고 그리움을 담고 있어 천진무구한 어린 시절로 우릴 데려간다는 것이다.

어느 날 중앙동의 '화촌'(華村)에서였다. 내가 "사랑하는 나의 고향을 한 번 떠나온 후에 / 날이 가고 달이 갈수록 내 맘속에 사무쳐…"라며 스페인 민요를 불렀더니 민립선생이 반색을 하며 "그거 중학 때 김정환 선생한테 배운 노래 아닌교. 나도 참 좋아하는데…." 그래서 우리는 눈물이 찔끔 나도록 그 노래 '고향생각'을 합창했던 기억이 새롭다.

또 한번은 둘이 함께 대구서 열리는 모교 동창회에 갔다가 부산에 돌아오니 밤 열두시가 가까웠다. 부산역에 내려 화장실을 갔다오며 그가 말했다.

"집에 갈라꼬?"

그냥 헤어지기 뭣하니 어디 가서 한잔 하자는 것이었다. 우리는 용두산 공원 아래 '부촌'으로 가서 밤늦게 까지 술을 마셨는데 그 통에 나는 이튿날 신문사에를 나가지 못했다. 하지만 민립은 그 이튿날 I P I 세계대회 참석차 출국했다는 것이 아닌가. 말은 안 해도 그는 마음이 깊고 순수했다. 민립은 그런 사람이었다.

그와 나는 장혁표 부산대 총장, 정영도 동아대교수와 함께 부산의 대표적 지성인 클럽 '삼수회(三修會)의 차터 멤버였고 '목요학술회'에서도 같이 활동했다. 그러다 언제부턴가 그는 통 말이 없어졌다. 잘 웃지도 않고 그저 자리에 앉아 고개를 떨구고 있었다. 그러다 나는 서울로 이주했고 그는 부산의 어느 요양병원에 입원, 투병생활에 들어갔었다.

그가 아프기 전 우리가 김천 직지사에서 일박하고 이튿날 충북 옥천으로 문학여행 갔던 일이 잊혀 지지 않는다. 그와 나, 유판수 기회의 학숙 이사장, 오명식 교수, 정영도 교수 등 다섯이었다. 직지사의 김완영 시비 앞에서 줄줄 그의 시를 외우고 옥천의 정지용 고택에서 정지용 시를 낭송하던 민립… 그 명석하던 두뇌, 그 놀랄만한 기억력이 다 어디로 가고 치매로 죽는단 말인가.

그가 입원하기 전 해 설날이었다. 전화가 왔기에 받아보니 민립이었다. 그는 대구서 차례 지내고 부산으로 가는 중이라며 “보고 싶데이”하는 것이었다. 그 “보고 싶데이…”하던 말이 지금도 공명이 되어 내 귓전을 맴도는 것 같다.

(인간과 문화, 2017. 2. 28. 통권 제16호)

두 개의 액자

두 개의 액자가 서재로 쓰는 작은 방에 걸려 있다. 지난 2000년에 받은 미국 한의사와 침구사 자격증이다. 한국서는 국가고시에 합격하면 한의사자격만 주지만 미국서는 두 개의 라이선스를 별도로 준다.

그걸 벽에 걸어 놓은 건 자랑하려는 것이 아니라 그 종이 두장 받으려고 고생한 것이 아까워서다. 그러나 걸어놓기만 했지 써먹지 않으니 그저 벽걸이용이다. 그림이나 서예같은 장식품이랄까.

간 큰 남자도 아닌 내가 한의사 자격을 따려고 한 건 퇴직하고 나서다. 오랜 논객생활 끝에 대학에서 가르쳤지만 거기도 그만두면 갈 곳이 없다.

마침 한국서 속성반을 거쳐 미국 한의사시험을 칠 수 있는 제도가 있었다. 지금은 없어졌지만 당시엔 한시적으로 시행되고 있었으니 나로선 좋은 기회였다. 기회란 놈은 뒷머리가 대머리라서 지나고 나면 붙잡지 못한다.

도올 김용옥교수가 새삼스럽게 한의학을 공부해서 개업하던 때였다. 우리 외조부도 대구서 '만유병원'을 했던 의사였다. 나도 펜대 흔들던 손으로 침대를 흔들면 안될까 싶었다.

지난 60년초 농협중앙회 재직 시 우리 식구는 이문동의 전세방에 살았는데 돌도 안 된 첫딸 선영이가 가성 콜레라로 몹시 앓았다. 계속 설사를 하고 탈수증상으로 병원에 입원하면 좀 낫는 듯 하다가 집에 오면 다시 재발되곤 했다.

50여년전 그때는 수도에서 찬물만 나오고 세탁기도 없고 1회용 기저귀는 상상도 못했다. 나는 퇴근해서 집에 오면 애기의 설사 기저귀를 빨아 빨랫줄에 널어 말리는 것이 일과였다. 아내는 독실한 성공회 신자였지만 애기의 병이 낫지 않으니까 내가 출근한 새 무당을 불러 푸닥거리 까지 했던 모양이다.

그러다 경희대의 염태환(廉泰煥)교수님 소문을 들었다. 광화문 네거리 근방 교원회관 골목 안에 한의원이 있었다. 우리는 추운 겨울날 새벽에 염교수를 찾아갔다. 극도로 쇠약해서 고개도 못 드는 아기를 제 엄마가 업고 대문을 두들기니 왠 떠꺼머리가 문을 열어주는데 그가 바로 염 교수였다.

그가 맥을 짚었으나 애기는 너무 약해 맥이 안 잡히므로 대신 부모의 맥을 보겠다고 했다. 그리고 아기에게 침을 놓고 약을 주는데 누런 가루약을 물에 타서 그 자리에서 먹이라는 것이었다. 하지만 이른 아침이라 진찰실에는 약을 탈 물도 없었다. 교수님은 펌프 물로 약을 먹이라며 마당을 가리키는 것이었다.

황당했지만 지푸라기라도 잡을 처지에 무슨 토를 달 것인가. 마당에 가서 펌프질을 해보니 지하수라 미지근한 것이 김이 나는 것 같기도 했다. 그 물을 컵에 받아 약을 개어서 애기에게 먹이면서도 이래 갖고 뭣이 되겠나 하는 생각뿐이었다.

그러나 염 교수는 너무 걱정 말라며 첩약을 지어주는 것이었다. 그 약을 달여서 수시로 먹이면 차도가 있을 것이라고 했다. 반신반의했지만 한번 믿어보자 하고 약을 받아 환자 모녀에게 들려 집으로 보내고 나는 멀지 않은 농협중앙회 내 직장으로 출근했었다.

그날 오후였다. 아내에게서 전화가 왔는데 그 심하던 아기의 설사가 멎었다는 것이 아닌가. 기적 같은 일이었다. 근 한

달을 이 병원 저 병원 전전해도 안 났던 병이 하루 만에 차도가 나기 시작했던 것이다.

내가 서둘러 집에 가보니 방긋방긋 웃고 있는 아기의 볼은 발그레 홍조를 띄고 있는 것이 아닌가. 오랜 설사로 파리하던 볼에 화색이 도니 그렇게 귀여울 수가 없다. 선영이는 그렇게 병을 이기고 살아나 지금은 변호사로 일하고 있다.

나는 그 일로 한의학에 매료되고 염태환교수를 존경하게 되었다. 나는 교수님에게 부탁해서 딸애의 이름을 새로 짓고 약을 지어다 딸아이의 병후 보신을 했다. 염 교수님을 나의 인생 멘토로 존경하게 됐던 것이다.

그 후 염 교수님은 미국 한의과대학서 가르치려고 도미했다가 얼마 후 요절했다. 참으로 애석한 일이지만 염 교수님이 보여준 한의학의 신비로움을 나는 평생 잊지 못한다. 내가 미국 한의사시험에 도전했던 데는 그런 사연이 있었다.

나는 응시요건 대로 여의도의 동양의학연구소에 등록했다. 미국정부가 공인accredited한 교육기관이었는데 나는 수유리의 기원정사의 요사채에 하숙을 정하고 1년간 학교에 다니며 한의학을 배웠다.

그때 기원정사 한 쪽에 약사여래불 석상이 있었다. 손에 약

병을 들고 있는 부처님 앞에 나는 매일 삼배를 올리고 소원을 빌었다. 그러나 시험은 어려웠다. 본초학, 방제학, 침구학, 침구실기 등 꼭 외워야 할 것만도 1천가지가 넘었다. 다만 미국은 상대평가 아닌 절대평가이고 과목별로 하나씩 따 나가면 되니까 단 한 방에 성패가 갈리는 한국에 비하면 수월하다.

나는 2년 동안 미국 땅엘 세 번이나 가서 시험을 쳤다. 침구학 실기는 인체에 직접 시침하는 시험이다. 그때 나에게 배정된 환자대역이 흑인이었는데 어찌나 몸이 실팍한지 몇 군데 혈위가 잡히지 않는 것이었다. 그 통에 그해 시험은 실패하고 이듬해 시에틀에서 겨우 합격했다.

시에틀에서 시험 친 후 짐을 싸고 있는데 생각지도 않았던 친구가 찾아 왔었다. 뱅쿠버에 사는 옛 친구가 소식을 듣고 데리러 온 것이다. 그의 차로 뱅쿠버로 달리면서 그가 물었다. 평생 논객으로 글 쓰던 자가 뭣땜에 그 어려운 시험을 치고 그래? 그 말에 나는 할 말이 없어 웃고 말았다.

등산가들을 보고 웃는 사람들이 더러 있다던가. 산에 오르는 사람은 결국 출발점으로 다시 내려오는데, 그럼 도루 내려오려고 올라가나? 왜 힘들게 그런 쓸 데 없는 일을 하느냐고 묻는다는 것이다.

그러나 등반은 정상에 도달하기보다 어려움을 견디며 오르는 과정에 의미가 있는 것이다. 나도 자격증 종이 한 장 보다는 그걸 따려고 도전하는 자체에 의미가 있었다고 말하면 억지라고 할까. 죽자하고 받은 자격증을 벽에 걸어놓은 미련함을 다른 말로는 변명할 수가 없어 해보는 소리다.

'프' 선생의 열세 가지

자서전 공해다. 쥐나 개나 자서전을 낸다. 자서전은 글자 그대로 자기 손으로 썼다 해서 자서전인데 놉을 해서 남의 손, 남의 머리로 쓴 걸 자서전이라고 내 놓는다. 그리고는 시골장터의 약장수처럼 사람들을 끌어 모아 출판기념회를 한다.

소설가 이청준은 "자서전을 씁시다"란 글에서 추한 과거를 솔직히 시인할 정직성이 없으면 자서전 쓰지 말라고 했다. 제 자랑 자서전은 다 거짓말이라는 것이다.

최근에 읽은 '프랭클린 자서전'은 그런 거짓이 없었다. 잘못을 감추지 않고 치부를 용감히 들어냈다. 그는 젊은 시절, 본능적 욕구를 못 이기고 '길거리 여자'들과 관계했다고 적었다.

"나는 어쩌다 만난 여자들과 관계를 맺곤 했다. 그러나 비용도 비용이고 께름칙한 기분을 떨칠 수가 없었다. 혹시 나쁜 병에라도 걸리는 건 아닐까…”

그는 가까운 친구가 돈 벌러 간 사이에 친구의 여자에게 나쁜 짓을 했다고 실토한다. 그로서 우정은 금이 가고 빌려 줬던 돈도 떼이게 됐다. 두고두고 남게 될 자서전에 그처럼 자신의 치부를 들어 낸다는 것은 여간 용기가 아니면 안 된다.

당시 미국인들은 광신적 신앙에 빠져있었지만 그는 기적이나 이적이란 걸 배격하고 이성적 신앙관 즉 이신론(理神論)을 지키려고 했다. 한번은 지나가던 목사가 묵을 곳이 없다고 하자 그를 자기 집으로 초대했는데 며칠 후 목사가 떠나면서 “예수님을 위해 친절을 베푸시니 은혜를 내릴 겁니다”했다. 그러자 프랭클린은 “오해 마세요. 예수님이 아니라 당신에게 편리를 베푼 것입니다”했다. 그 얘기를 들은 친구가 이렇게 말했다고 한다.

“목사들은 남에게 진 빚을 하늘의 예수님께 떠 넘긴다네…”

‘프’선생은 참 많은 일을 한 일꾼이었다. 독립선언문을 쓴 ‘건국의 아버지’로 그의 얼굴이 미국 돈에 찍혀있다. 피뢰침과 복합렌즈를 발명한 과학도요 평생 인쇄업을 했던 사업가, U－Penn 즉 명문 팬실베니어 대학을 세운 교육자, 제헌의원과 여러 주의 대표를 지낸 정치가, 신문을 내고 글을 쓴 언론인이었다. 공자님은 '군자불기'(君子不器)라고 했는데 물은 담는 그릇에 따라 형상이 둥글기도 모나기도 한다. 사람도 쩨쩨하게 한 가지에 메이지 않는 것이 진정한 군자가 아닌가 하는 것이다.

'프'선생은 무척 성실고매한 인물이었는데 그건 꾸준한 노력의 결과였다. "성상근 습상원"(性相近 習相遠)이라 했던 공자의 말씀처럼 인간은 천성적으로 다들 비슷하게 태어나지만 후천적 노력으로 습성이 바뀌어 결국 인격자도 되고 악한이 되기도 한다.

그의 "13덕목"은 유명하다. 인간은 완전할 수 없기에 목표를 세워 놓고 인격도야를 위해 노력했던 것이다. 그의 '13가지 덕목'은 이랬다.

1. 절제 ; 몸이 둔하도록 먹지 않고 취토록 마시지 않는다.
2. 침묵 ; 남에게 득이 안 되는 말, 쓸데없는 말은 안한다.
3. 질서 ; 모든 물건은 제자리에. 일은 제 때 한다.
4. 결단 ; 해야 할 일은 반드시 한다. 결심한 것은 실천한다.
5. 절약 ; 유익한 일 외에는 돈을 쓰지 않고 낭비하지 않는다.
6. 근면 ; 시간을 낭비말자. 유용한 일을 하고 쓸데없는 짓을 말자.

7. 진실 ; 속임수 쓰지 말고 순수 정당하게 사고한다.
8. 정의 ; 남에게 해되는 짓은 말고 줘야 할 것은 꼭 준다.
9. 중용 ; 극단을 피하고 아무에게도 성내고 상처 주는 일은 안 한다.
10. 청결 ; 몸, 옷, 습관 모든 것이 청결하지 않은 것은 용인치 않는다.
11. 침착 ; 사소한 것, 일상적이고 불가피한 일에 흔들리지 말 것.
12. 순결 ; 자손과 건강유지를 위해서가 아닌 성 교섭은 삼간다. 자신과 남의 평화와 명성에 해가 될 정도로 성행위를 하지 않는다.
13. 겸손 ; 예수와 소크라테스를 닮자.

그런 말들이 너무 공자말씀이라고 웃을지도 모르겠다. 그러나 원래 공자말씀은 우스운 법이니 웃고 싶으면 실컷 웃으면 된다. 언젠가 나도 진해에 갔다가 군인아파트의 벽에 큼직하게 "근면, 성실, 질서, 정직…" 등 공자말씀을 써 놓은 걸 보고 같이 갔던 친구와 한참 웃은 적이 있다.

그러나 언제나 울어야 할 놈이 웃는다. 한참 웃다가 생각해보니 내가 정말 웃어도 될 형편인가 싶었다. 그 뒤로는 웃고 싶은 생각이 별로 나질 않았다.

한국은 교실붕괴가 심각하다. 교실에서 담배를 피우고 욕을 입에 달고 산다. 중고생들은 한 시간에 70번 욕설을 하는 것으로 조사됐다. 학생이 여선생님에게 "첫 경험이 언제였어요?" 따위 성희롱을 하고 선생님을 때리기도 한다.

미국도 사회붕괴가 심각하지만 건국의 아버지들은 윤리적으로 훌륭한 인물들이었고 아직도 그 약발로 그나마 버티고 있는 것이 아닌가 싶다. 반면에 한국은 처음부터 자유당세력이 극도로 부패하여 오늘까지 그 병증이 도지고 있다.

우리모두 '프'자서전을 읽자. 학생들은 선생의 13가지를 익히고 실천해야 우리한국에도 건강한 내일이 있다. 프랭클린은 작은 수첩에 13덕목을 적어 갖고 다니며 실천했다. 저녁에는 그 날 하루를 되돌아보고 잘못했던 점이 있으면 점을 찍고 반성했다고 한다.

프 자서전은 세계적으로 끊임없는 관심을 끌어 왔고 요새는 그의 작은 수첩과 같은 '프랭클린 플래너'Franklin Planner란 일정관리 수첩이 인기라고 한다. (농협동인, 2015. 3/4월호, Vol. 200)

탱고를 추려면

한국의 여인네들은 천당 갔다가도 명품 사준다면 되돌아오고 남자들에게 국회의원 시켜 준다면 극락왕생도 마다하고 달려온단다. 욕을 제일 많이 하면서도 제일 부러워하는 것이 정치다. 그러니까 정치선망과 혐오, 두 가지 감정을 함께 갖고 있는 것이 한국 사람들이다.

밥집이고 술집이고 간에 만났다하면 정치얘기다. 영화 연극 시 소설…그런 얘기를 하면 "오냐 너 잘났다"며 싫어하고 정치얘기 그만하자고 해봤자 소용이 없다.

왕후장상에 씨가 있는 것이 아니란 옛말도 있긴 하다. 하지만 과학자, 의사, 문인, 예술가…그런 사람들이 자기네 일이나 잘 할 게지 맨날 곁눈질이나 하고 있으니 본업이 잘 될까 싶지 않다. 일본의 어느 교수는 연구소에 파묻혀 러-일전쟁이 일어났다가 끝나는 것도 모르고 있었다지 않은가. 그처럼 어떤 일에 목숨을 걸고 매달리는 잇쇼켄메이(一生懸命)정신이 우리에겐 부족하다.

너도나도 정치정치 해쌓는 건 그게 수지맞는 장사라서다. 무슨 자격시험을 치는 것도 아니고 양아치도 사기꾼도 표만 얻으면 된다. 연예인처럼 인기를 누리고 나라에서 혈세를 내어 봉양(?)한다. "국민은 투표할 때만 자유롭고 선거가 끝나면 노예가 된다."고 루소가 말했다지 않은가.

그런 정치제1주의는 유교문화 탓인 것 같다. 공자님은 '대학'에서도 '수신제가치국평천하'를 말했고 공산주의도 정치제1주의란 점에서는 비슷하다. 공자는 노(魯)나라 재상을 지냈고 도덕정치를 펴려고 천하를 주유했다. 맹자도 덕치와 인정(仁政)을 주장했다. 조선시대에는 학문을 공부해서 과거에 급제하면 관리가 되고 관리가 바로 정치인이었다.

피겨선수나 바둑인에게 까지 영입제의가 들어가는 것은 그래서일 것이다. 하지만 정치는 정(正)이 아니라 꼼수가 난무하는 험악한 세계인데 스포츠나 바둑은 공정게임이 생명이요. 그래서 법정과 경기장을 Court라고 한다. 반면에 전쟁은 예로부터 '병불염사'(兵不厭詐)요 '병은 궤도'(兵詭道)라 해서 속임수를 꺼리지 않는다 했다. 그처럼 전쟁과 정치는 변칙이 일반적인데 공정게임을 생명으로 하는 피겨선수나 바둑 명인이 정치를 한다는 것은 어울리지 않는다는 것이 내 생각이다.

영국의 국기 크리켓은 '페어플레이'의 대명사란다. "크리켓이 아니다"It is not a cricket.라고 하면 "정당하지 못하다"의 뜻이다. 그런데 한국의 정치판도 결코 크리켓이 아니고 바둑이나 스포츠경기와는 딴판인 걸 그들이 아는지 모르겠다.

내가 다녀보니 세상은 넓었다. 차로 반시간을 달려야 하는 옥수수 밭도 구경했다. 그러나 한국은 좁은 땅이 산지사방으로 쪼개져 있고 서로를 몹시 증오하고 저주한다. 이승만과 박정희대통령은 한반도 남쪽만, DJ는 그 서쪽편을, 전두환은 동쪽의 TK만, YS는 PK만 통치했다는 말도 있다. 서양인들의 표현처럼 우리는 왜 '화학적'인 융합을 마다하고 밤낮 열심히 싸우기나 하는지 모르겠다.

삼국지에서 그랬듯이 천하는 "합구필분 분구필합"(合久必分, 分久必合)인데 우리는 "합즉필분"(合卽必分) 만나자 이별이다. 유관장 세 호걸은 동년동월동시에 나진 못해도 동년동

월동시 사(死)를 맹세했다. 그러나 여기서는 평생동지라며 지옥에라도 동행할듯 하다가 이해관계가 조금 틀리면 금방 갈라선다.

하기야 그런 인물들을 찍어 준 대중은 더 어리석다. 국민은 현명하다고 하지만 그건 듣기 좋으라고 하는 소리이고 괴테도 '격언'과 반성'에서 "대중은 대세만 따르는 바보, 뭣 모르고 따라가는 다수"라 했다.

요즘정치를 중우정치라고 하는 것도 어리석은 대중정치란 뜻이다. 한국의 유권자들은 심판해야 할 때 심판할 줄 모르고 보수니, 진보니 하는 패거리의식에 매몰되어 서로를 극도로 미워하고 저주한다. 그들은 지극히 편향된 시각을 갖고 자신들이 믿고 싶은 것만을 진실이라고 우기는 이른바 '확증편향'(確證偏向)에 사로잡혀 있다. 우리 정치현실이 과거 자유당 독재시절이나 지금이나 별 다름없이 후진적인 이유는 정치인들의 책임이 크지만 보다 근본적으로는 국민일반의 의식이 전근대적인 수준에 머물러 있기 때문이다.

서양속담에 "It takes two to tango."라는 게 있다. 달밤에 체조는 혼자 하지만 탱고는 둘이 있어야 출 수 있다. 선거에는 후보자와 유권자 둘이 있으며 히틀러도 국민이 찍어줘서 집

권했지 혼자 한 것이 아니다. 1932년 총선에서 독일나치당이 제1당이 되면서 히틀러가 합법적으로 수상에 취임했으니까 독일유권자와 히틀러가 같이 탱고를 췄던 것이다.

괴테처럼 히틀러도 그의 책 "나의 투쟁"Mein Kampf에서 "대중은 대부분 무지하고 어리석다"고 했다. 그리고 "인간들이 생각을 하지 않는다는 사실이 너무나 다행이다"고도 했다.

히틀러는 결과적으로 나빴다. 그러나 그런 인물을 찍어 준 대중은 더 어리석었다. 우리는 당시의 독일국민처럼 어리석은 선택을 해서는 안 된다. 탱고를 추려면 둘이 있어야 하듯이 민주정치 역시 둘의 책임이다. (인간과 문화, 2015, 통권 15호)

고물차 로시난데

갑자기 바닥에서 "쿵!" 소리와 함께 엔진이 꺼져버렸다. 아이고 이게 무슨 일이고? 나는 부리나케 내려 차 밑바닥을 들여다봤다.

그랬더니 맙소사, 배기통이 몸체에서 떨어져 땅에 박혀 있고 뒤쪽만 간신히 매달려 있는 것이 아닌가. 삭아서 떨어진 앞부분이 지게 작대기처럼 앞으로 버티고 있다. 그러니까 차가 나갈 수 없고 엔진도 꺼져 버린 것이다.

땅에 박힌 배기통을 빼내려고 잡아당겨 봤지만 꼼짝달싹 하지 않는다. 하는 수 없이 웃통을 벗고 누운 자세로 밍그적대며 차 밑바닥에 들어갔다. 그렇게 한 참 용을 쓴 다음에야 그 낡은 쇠 파이프를 빼낼 수 있었다.

얼굴이 땀투성이가 됐다. "우째 이런 일이…" YS식의 탄식이 절로 나왔다. 다행히 동네 뒷길을 서행하던 중이었으니까 망정이지 어제처럼 남해 고속도로를 세게 달렸더라면 앞으로 전복되어 데굴데굴 구르다가 깡통처럼 찌그러졌을 것이다.

그 낡은 차 이름이 로시난데였다. 미국 가고 없는 차 주인이 붙인 이름이라는데 동키호테 영감의 비루먹은 망아지가 로시난데 아닌가. 나는 학생 때 세르반테스의 '동키호테'를 읽고 그 소설 말미의 한 구절, "미쳐서 살다가 깨어서 죽는다"는 말을 결코 잊지 못한다. 인간은 누구나 미쳐서 살다가 깨어서 죽는 것, 그것이 인간이 아닐까 하는 것이다.

그 낡은 차는 명색이 외제차라지만 10년도 넘은 고물이고, 몰골도 초라해서 그 이름이 제격이라고 했다. 그리고 그건 친구가 1년 정도 외국 갔다 온다며 내게 맡긴 것이었다. 차는 오래 한 자리에 세워두면 엥꼬가 나니까 자주 타고 다니란 부탁이었으므로 나는 그 차를 몰고 남해 보리암을 다녀왔었다.

보리암은 절 밑 사하촌에서 일주문까지가 매우 힘든다. 꼬부랑길을 돌고 돌아야 닿는 오르막이었다. 나 역시 초라한 백수이긴 하지만 조수석의 친구는 체중이 80킬로가 넘는 '돈공'(豚公)이다. 로시난데 같은 낡은 고물차가 그런 무거운 화물(?)을 싣고 험한 산길을 오르기에는 버거웠을 것이다.

나는 2단기어로 가다가 시동이 꺼지면 다시 걸고 해서 겨우겨우 올라갔다. 꼬부랑 할머니가 꼬부랑 지팡이 짚고 휘유- 하며 꼬부랑 길을 꼬부랑꼬부랑 올라가듯 했다. 그러다 옆에 앉은 '돈공' 더러

"늙은 망아지가 불쌍하잖어. 자네같이 무거운 화물을 싣고… 내려서 좀 밀어주는 게 어때?"

그랬더니 그는 돈공 다운 웃음만 싱긋 웃을 뿐이었다.

그날 우리가 남해 보리암을 찾은 것은 거기가 해동(海東) 4대 암자요 부처님의 자비심으로 소원 한 가지는 꼭 들어준다고 하기 때문이다. 나는 불전에 합장배례하고 바깥에 모신 약사여래 전에도 삼배를 올렸다.

하지만 구체적으로 무슨 특별한 소원을 빈 것은 아니었다. 소원이 없어서가 아니라 솔직히 소원이 너무 많아 갈피를 못 잡아서다. 나 같은 어리석은 중생의 소원이 어찌 한 두개 뿐이겠는가.

그날 대형사고가 될 뻔한 것이 그 정도로 그친 것도 보리암 부처님의 공덕이 아니었나 싶다. 요새는 말 그대로 초스피드

시대 아닌가. 내세(來世)에나 나타나던 공덕도 요새는 속전속결 즉방 나타난다는 것이다. "나무 관세음보살!" 나는 배기통이 부러진 로시난데를 향해 합장배례를 드렸다.

신비로운 것이 반드시 기적은 아니라고 괴테는 말했다지만 그래도 기적은 신비롭다고 난 말하고 싶다. 우리 시대의 천재 아인슈타인도 "세상을 사는 방법 두 가지 중 하나는 기적 같은 건 일어나지 않는다고 생각하는 것이고 또 하나는 일어나는 모든 것이 기적이라고 생각하며 사는 것이다"고 말했다고 한다.

나 역시 살아있는 것 자체가 기적이라고 생각한다. 되돌아보면 아차! 하면 죽었을 걸 아슬아슬하게 피했던 게 몇 번인지 모른다. 우리주변에는 춘사(椿事)가 얼마나 많은가. 개미떼 보다 많은 차들…우리가 치여 죽지 않은 것만도 기적이란 생각이 든다. 셀 수도 없는 병들이 우글대는 속에서 용케도 안 죽고 살았다. 그러고 보면 숨 쉬고 걸어 다니는 것만도 신기한 일이란 생각이 든다.

아침이면 어김없이 나를 비쳐주는 눈부신 햇살, 한낮이 기울면 휴식의 밤이 오고 돌담에 함초롬히 피어있는 나팔꽃, 갓난 애기의 한없이 천진한 모습… 그 모든 것이 기적이 아니고 무엇인가.

전날 남해 고속도로에서 그랬더라면 고태골로 직행했을 것이다. 그런 걸 동네 뒷길에서 맞춤맞게 배기통이 부러져 땅에 박히는 통에 나는 살았으니 기적이 아닐 수 없다. 이 세상의 일 모두가 다 기적이라고 믿는 사람은 기적을 만들어 낸다는 말이 참 말이 아닐까 한다.

배소금 선생

아이들은 어디나 똑 같다. 존경을 바쳐도 모자랄 선생님에게 괴상한 별명을 붙인다. 지난 50년 초 내가 경북중학을 다닐 때도 그랬다. 문딩이란 의미의 에무디MD, 버지기, 롱구Long, 땅개, 약 쟁이, 헤드라이트, 건들 바우…거기다 이길우, 임충묵, 배소금, 김종환 등 별명을 못 붙였는지 안 붙였는지, 맨 이름(?)의 선생님들도 많았다.

그 가운데 나로서 가장 잊을 수 없는 분이 지리과목의 배소금 선생이다. 그는 나의 형님이었지만 항렬자가 다른 것은 우리 아부지가 그 때 벌써 형식파괴 항렬파괴를 했기 때문일 것이다.

배소금 선생이 나의 친형이란 걸 아는 급우들은 왜 이름이

대금(大金)도 아니고 소금(小金)이냐? 또 설탕도 아니고 소금이냐고 물었다. 그 점은 나도 궁금했기에 어머니께 문의했더니 "세상에 소금이 없어봐라 우째 되겠노? 썩은 것 천지가 안 되겠나? 사람도 소금 같은 사람이 돼야 하는기라…"고 했다.

'소금'은 꽹과리의 다른 이름이다. 꽹과리는 작아도 소리가 다른 것 보다 뛰어나다. 그래서 징, 장고, 북 모두 꽹과리의 박자에 맞춰야 하며 꽹과리가 농악패의 선두란 것이다.

그때 형님은 니혼대(日本大學)를 마치고 우리 학교에 부임했는데 나는 그 통에 공납금 한 푼 안내고 명문 경북중을 공짜로 졸업했다. 우리학교는 교직원가족 면제 혜택이 있었기 때문이다.

형님은 날더러 우리가 형제간이란 걸 일절 발설하지 말라며 겍 오더Gag order를 내렸다. 이미 아는 사람은 할 수 없지만 더 이상 말을 말라며 괜한 오해를 받을 필요가 없다고 했다. 그렇게 학교서는 엄격했지만 사사로이는 엄한 선생님이 아니라 다정한 형님이었다.

저녁이면 나를 불러 영선못 둑을 산책했다. 소음도 공해도 없던 시절, 별들이 검은 벨벳하늘에서 보석같이 반짝이고 있었다. 나는 안드로메다를 그 때 첨 배웠다. "2백5십만년 전에 저 별에서 출발한 빛이 지금 이 순간 내 눈에 와 닿는 거야. 생각해 봐라 얼마나 신비로운지…" 밤하늘 멀리 별무리를 가리키며 그렇게 말했다. 밤하늘은 그저 검정이라고만 알았던 나는 형님을 통해 영원이란 그 무엇을 알게 된 것 같다.

그가 흑판에 쓴 것이 "Boys be ambitious"였다. 소년은 야망과 열정을 가지되 "너무 나부대지는 말아라"고 했다. 사람들이 우리더러 수재라고 추켜세우고 천재라고 광주리 비행기를 태우던 때였다.

당시에는 중학입학도 국가시험이었는데 경북중학이 전국 최고의 커트라인이었고 전국 톱이었던 김해도군이 나와 한반이었다. 그리고 이듬해에도 정성진 전 법무부장관이 전국 톱이었으니 다들 우릴 보고 그렇게 불렀다.

하지만 천문지리는 '겸손의 학문'이다. 우리가 사는 은하계는 가로 지르는데 10만광년이 걸리며 별이 3천억개다. 그런 은하계가 우주에는 3천억개가 넘으니 티끌같은 우리가 수재라고 나부댈 건덕지가 어디 있느냐는 것이었다.

한국인들은 이름에 작을 소(小)자를 안 쓰고 무조건 대식(大植)이니 성대(成大)니 한다. 지금도 아파트나 가전품, 승용차를 큰 것만 찾는 '대형병'환자들이다. 하지만 우리 아부지는 형님의 이름에 작을 小자를 써서 몸을 낮추게 했던 것 같다. 중국의 등소평(鄧小平)의장, 일본의 고이즈미(小泉)수상도 그렇게 스스로를 낮추었다.

큰 형님 말고 또 한분 중학시절 잊지 못할 은사는 음악담당 김종환 선생님이다. 한국전쟁으로 춥고 배고팠던 50년초, 선생께서는 그나마 아름다운 음악으로 우리의 정서를 달래주셨다.

선생께 참 많은 걸 배웠다. 마분지에 피아노 건반을 그려갖고 다니며 스코어 읽는 법을 배우고 한국가요 외국민요 교향곡… 안 배운 것 빼고는 다 배웠고 중학마칠 때는 '108곡집'을 거의 다 부를 수 있었다면 "오냐, 너 잘났다"고 꾸중하실지 모르겠다. 그 때 배운 '두나강'은 이렇다.

> "내 어릴 때에 내 입은 가볍고/ 바다 위에 떠돌기 나 참 원했네/ 저 남천 바라볼 때에 늘 들리는 것은/ 그 작은 두나 별이 나를 부른다/ 아! 그 작은 두나 별이 나를 부른다"

무척 서정적인 가곡이요 끝 소절은 특히 그리움을 가득 머금은 듯하다. 그리움은 사랑이라 하지 않던가. 나는 그 노래를

FM방송으로 한번 들어봤으면 했지만 우리동기들 말고는 안다는 사람을 만난 적도 들은 적도 없다.

하지만 가사에는 약간 모순이 있는 것이 흠이다. “저 남천 바라볼 때에 늘 들리는 것은…” 하다가 “저 작은 별이 나를 부른다”고 하니 곶감접말이다. 당시는 모든 것이 그랬다. 저자 바닥의 반딧돌처럼 닳아빠진 요새 같지 않고 툭수바리처럼 투박하고 어수룩했다. 가사 하나 똑 떨어지게 옮기지 못하고 엉성하게 학생들을 가르쳤다.

어쨌거나 선생님 덕에 나는 귀를 뚫었다. 귀고리 하려고 피어싱 한 게 아니라 세상의 아름다운 음악을 듣고 인격을 도야하라고 우리의 귀를 뚫어주신 것이다. 선생님이 아니었다면 귀를 갖고도 듣지 못하는 귀머거리 청맹과니가 됐을 것이다.

그러고 보니 내가 중학을 나온 것이 휴전 이듬해였으니 까마득한 옛날이다. 그동안 많은 사람이 오고 또 갔다. 배소금선생도 하늘나라로 가시고 다른 선생님들도 그렇다. 그러나 김종환 선생님은 어디서 무얼 하고 계시는지, 건강하신지, 그리운 마음 더욱 간절하다. (‘경맥’, 2016. 11. 21, 제95호)

제4부
어깨동무

키 큰 바보

사과란 과일이 철학적이고 역사적이라면 이상하게 들리겠지만 정말 그렇구나 싶다. 뉴턴에서 에플 컴퓨터까지, 아담과 이브, 트로이전쟁, 빌헬름 텔, '큰 사과'Big apple라는 뉴욕까지 인류사를 관통하고 있는 것이 사과다.

독일의 시인 실러는 썩은 사과를 책상서랍에 넣어두고 종종 그 내음을 맡으며 영감을 얻었다고 한다. 사과가 썩을 때는 독특한 향기가 난다. 썩을 때도 향기를 내는 사과는 참 멋있는 과실이다.

내 어릴 적, 대구는 사방이 질펀한 사과 밭이었다. 초여름이면 과수원 탱자 울타리에 벌들이 잉잉대고 사과 익는 냄새가 은은히 들리는 속에서 우리는 작은 들짐승처럼 뒹굴며 유년 시절을 보냈다. 그래서 우리아이들은 저절로 '능금밭의 틈입자'랄까, 사과서리꾼이 되지 않을 수 없었던 것 같다.

능금서리는 스릴만점이었다. 잡히면 껍데기를 벗긴다고 했다. 사과 밭 주인은 "요놈들 잡기만 해봐라 다리 몽댕이를 분질러 놓을끼다!"라고 소릴 지르기도 했다. 장터걸에서 펄펄 끓는 물에다 닭을 튀겨서 껍질을 벗기듯이 피부를 홀랑 벗기는 줄로 알았다. 하지만 우리는 다리 몽뎅이가 부러지지도, 껍질이 벗겨지지도 않았으니 얼마나 다행인가.

그런데 요새는 능금서리가 아니라 멀쩡한 아이들의 다리를 자른다고 한다. 종아리뼈를 잘라 그 속에 금속장치를 넣는 소위 '키 수술'을 6백여 명의 한국 청소년들이 받았다는 보도다. "흥부가 기가 막혀…"라고 하더니 "다리가 기가 막혀…"라고 하겠다.

희랍신화의 프루클루테스라던가 하는 괴짜는 길 가는 행인을 붙잡아다 자기 침대에 눕혀보고 침대 밖으로 발이나 다리가 나오면 무조건 잘라버렸다고 한다. 하지만 지금 한국에서는 되레 키 작다고 다리를 자른다니 희랍의 그 괴짜가 할 말을 잃을 것이다.

크면 다냐? 물어보고 싶다. "키 작은 남자는 루저Loser" 즉 패배자라고 말한 여성이 있었다지만 정말이지 철없는 유아적(幼兒的) 발상이다. 키 크면 싱겁지 별수가 있나, 큰 키가 중요한 것이 아니라 큰 마음이 중요하다.

"키 큰 바보"A tall is a fool. 키 큰 사람 많은 서양에서도 큰 키는 싱겁고 실속이 없는 모양이다. 의학적으로도 나지막한 아담 사이즈가 더 건강장수 한다는 통계가 있고 나폴레옹이나 부도옹(不倒翁) 떵샤오핑 같은 키 작은 소영웅들이 많았다. 드골처럼 장대같이 생긴 사람은 오히려 예외적인 케이스였다.

'키 수술'이 기가 막히다고 했는데 어제 TV보도는 '뒤통수 수술'에 '혀 수술' 따위 몬도가네까지 유행이란다. 영어발음 좋아지라고 어린이들의 혀를 자르고 그게 LA타임스 신문에까지 보도됐다니 나라 망신이다.

뒤통수 수술은 주로 신세대여성들이 받는데 뒷머리를 째고 그 속에 시멘트를 채워 도톰하고 예쁘게 다듬는 것이다. 한국의 '3대 구라'라는 이는 "염병하다 딴스하고 자빠졌네…"라고 걸찍한 소감을 말했다고 한다.

보다 더 위험한 건 턱뼈를 깎아 V－라인을 만드는 양악수술이다. 그러다가 안면마비가 오고 음식을 못 넘기며 더러 죽기도 한단다. 그래도 방학 때면 예약이 몰린다니 우리 젊은이들은 용감하다. 죽어도 예뻐진다면 그만이란 식이다.

진리에 고뇌하는 젊음을 이제는 찾을 수 없다. 지난 날 그들은 봉두난발에 염색한 군복차림이었지만 순수하고 진지했다. 그러나 요즘엔 진리나 이상을 찾으면 정신이상자 취급이나 당했지 별수 없다.

나뭇가지에 앉아 깍깍 우는 까치를 가까이서 본 일이 있다. 짙은 감색 깃털이 아침햇살 아래 오묘하게 반짝이는 모습이라니… 그 새는 영양크림을 바르지도, 성형수술을 하지도 않았는데 그토록 발랄하고 싱싱한 건 가식과 겉꾸밈이란 걸 모르고 대자연의 일부로 살기 때문일 것이다.

로마제국의 전성기에 어떤 랍비가 로마를 여행했다. 그는 길거리 여기저기서 노예들이 동상을 열심히 닦고 있는 광경을 보고 로마는 머잖아 멸망할 것이라고 예언했다. 정신적인 가치는 외면하고 윤리적으로 썩었으면서도 겉꾸밈에만 정성을 쏟는 세태가 말기적이라고 본 것이다.

사막여우가 '어린왕자'에게 말했듯이 눈에 보이는 것은 소중한 것이 아니다. 진정 소중한 것은 눈에 안 보이는 것, 그것을 깨닫는 날이 우리에게 오기나 할까? 아마 안 올 것이란 생각이 든다.

남자가 흘리지 말 것?

"남자가 흘리지 말아야 할 것은 눈물만이 아닙니다!"

공중화장실에 야릇한 글귀가 붙어 있었다. 남자가 흘리지 말 것이 눈물만이 아니다? 그럼 무얼 흘리지 말아야 한다는 건지 잘 모르겠다, 남자란 노상 흘리고 다니는, 칠칠치 못한 존재로 여기는 것 같기도 하고, 나도 남자인 터수에 조금은 부끄러워지려고 했다.

나는 꽈배기처럼 비틀어 놓은 그 글귀가 싫었지만 말이사 바른 말인 것 같았다. 정말 남자가 헤프게 흘리고 다녀서야 쓰겠는가. 어떤 생리적 분비물도 그렇고 금전도 그렇다.

친구 K는 주머니에 돈이 좀 있으면 가려워 못 견디는 괴물(?)이었다. 무언가를 사든가 술집아가씨에게 팁으로 주든가

다 써버려야 속이 편한 것 같았다. 서울 어디 그런 도박장이 있는지, 호주머니의 돈 몽땅 날리고 경마장에도 무시로 출입하는 모양이었다.

그가 일본서 막일로 돈을 좀 벌었는데 귀국하던 날 시간이 너무 촉박하더란다. 그는 비행기시간에 대려고 요코하마에서 나리타까지 그 먼길을 택시로 달렸다고 한다. 그는 호기롭게 얘기를 했지만 어렵게 번 돈을 길에 다 뿌렸구나 싶었다. 그는 평생 집 한 칸도 없이 살았지만 돈을 아끼기보다 경멸하고 싶었는지 모른다.

하지만 내 생각에 수도꼭지를 꽉 조이는 건 필요할 때 물을 쓰기 위해서다. 마개를 덜 잠그거나 구멍이 나서 물이 새면 가물 때 고생한다. 여성은 몰라도 남자가 심약해서 찔찔 짜고 곧잘 눈물을 흘리는 것도 그렇다.

다만 이젠 나도 늙었다는 것인지 영화를 보다가도 무의식중에 눈물이 나려고 하니 별일이다. 이젠 누선(淚腺)마저 고장난 폐품인가 싶다. 나이 들면 홀몬분비가 교란되고 성징(性徵)이 바뀌어 여성화가 나타난다고 한다.

걸핏하면 잉잉 울며 넋두리하는 것처럼 보기에 흉한 것도 없다. 사고 현장이나 영결식장에서 뚱뚱한 아지메가 땅바닥을 뒹굴며 넋두리하는 걸 보면 이해가 되면서도 눈살이 찌푸려진다. 그러는 옆에서 꽉 참고 있는 아버지의 슬픔이 훨씬 깊고 커 보인다.

서양이나 일본인들의 의식은 그런 점에서 우리보다 성숙한 것 같다. 그들은 무턱대고 감정을 과다노출하지 않는다. 지진으로 집이 부서지고 가족을 잃어도 눈물을 안으로 삼켰지 아이고 데고 넋두리하는 사람은 없었다.

눈물은 고귀한 액체라고 한다. 네로 같은 폭군도 "벗을 위한 눈물은 보석보다 더 귀하다"며 눈물단지를 가져 오라고 했다. 그런 소중한 액체를 함부로 흘려서는 안 될 것이다. 소크라테스의 말마따나 여성은 항시 풍부한 눈물을 저장하고 있지만 남자의 눈물은 재고(在庫)가 달려서 귀한 값을 받는다. 유명한 스페인의 철학자 산타야나도 "눈물을 흘려보지 못한 청년은 야만스럽고 웃어보지 못한 노인은 바보스럽다"고 했다.

만고의 영웅들이 잘 울었으며 히틀러도 이상하게 눈물이 많았다는 것이다. 유태인 6백만 명을 연기로 기화(氣化)시켰던 그도 가슴 한쪽에는 연한 세포조직이 있었던 모양이다. 치세의 능신(能臣)이요 난세의 간웅(奸雄)이라던 조조도 "대장부는 피를 흘릴지언정 눈물은 흘리지 않는다"고 했지만 명석하고 인자했던 막내아들 조충(曹冲)이 죽자 눈물을 펑펑 쏟으며 울었다고 한다.

그러고 보면 남자의 눈물도 수치스러운 물건은 아닌 것 같다. 오히려 울 줄 모르는 인간, 스크루지처럼 가슴이 돌처럼 각질화 된 인간이야 말로 진정 부끄러워해야 할 인간들이 아닐까.

그보다 정말 흘리지 말게 있다면 '말'이란 마물이 아닐까. 눈물 콧물은 닦으면 그만이지만 말이란 건 한 번 흘리면 주워 담을 수도 없다. "말로써 말 많으니 말을 말까 하노라" 하듯 인류역사상 말 때문에 생긴 비극이 얼마나 많은가. 말 한마디 잘 못 했다가 목이 달아난 사람이 수 없이 많았다.

남자는 세 끝을 조심하라고 했지만 그들은 미련해서 그 말을 곧잘 잊어 먹는다. 그러기에 필요 없는 말을 흘려서 조선 망(亡)우고 대국 망우는 실수를 저지른다. 아무개 의원이 여성정치인을 '그녇'이라고 했다가 경을 치기도 했다.

왜 남자는 자꾸 흘리고 다니는가. 갓난쟁이나 전립선이 고장 난 사람들처럼 기저귀를 채워야 할까. 몸뚱이는 그럴 수 있어도 말은 그럴 수도 없으니 고민이다.

('동인소식', 2013. 12. 제39호)

억! 억?

조간신문은 사람을 놀래주려고, 그래서 덜 깬 아침잠을 깨워주려고 오는 것 같다. 물경 10조원이란 나랏돈을 축 낸 의혹사건이 보도됐기 때문이다. 10조가 얼마나 큰 숫자인지 도무지 감이 오지 않는다. 동그라미가 몇 개일까 하고 세어보다가 헷갈려 포기하고 말았다.

우리어릴 적에는 백만도 너무 커서 "백만 원이 있으면 무얼하고 싶어요?"라는 라디오게임이 있었다. 그러던 것이 강아지도 간이 커졌는지 "억! 억!"하고 짖더니 이젠 걸핏하면 조를 찾는다. 하루하루를 빠듯하게 살아가는 보통사람들에게는 억이란 억장이 무너질 만큼 큰 액수인데 말이다. 억(億)이란 사람(人)의 생각(意)으로만 존재하는 큰 숫자란 것이었다.

영어에도 '억'이란 말은 없고 그저 "백백만"hundred million이라고 한다. 그리고 Billion은 원래 '1조'였는데 미국은 10억이라 했다. 그렇게 영-미가 고집을 부리다가 미국의 입김이 세어지자 영국도 할 수 없이 10억을 billion이라고 하게 됐다니 영어의 주인 영국의 체면이 말이 아니게 됐다.

며칠 전에 관람한 미국영화의 사랑고백 장면이 생각난다.

"I love you a million billion trillion!"

"백만, 십억, 1조 만큼 사랑해!" 란 말이다. 그러자 상대방의 대답이 더 걸작이다.

"I love you a million bars of chocolates!"

"초콜릿 백만 개 만큼 사랑해요!"란다.

이제 이성간의 사랑도 시골장터에서 됫박으로 곡식을 되어 팔듯이 숫자로 계산한다. 신랑감은 인격보다 연봉이 얼마인가가 더 중요하다.

우리는 숫자만능주의에 빠져있다. 죄수들은 이름보다 수인(囚人)번호로 불리는데 감옥 밖이라고 별수 없고 이름보다는 주민등록번호가 더 중요하다. 아파트도 교도소 감방처럼 몇 동 몇 호다. 택배가 오면 "00동 00호 택배요!" 한다. 그러니까 이 세상은 거대한 감옥인지도 모르겠다.

한국은 아파트평수로 사람의 가치를 매기므로 평등(坪等)사회이고 나라도 GNP로 서열을 따진다. 가난하지만 경건하고 도덕적인 사람들이 많이 사는 나라도 GNP가 낮으면 후진국이 되고 툭하면 남을 침략해서 전쟁을 벌이고 무기를 팔아먹는 전쟁수출국도 GNP에 동그라미가 많으면 선진강대국이다. 사람들이 미국문화를 비웃는 것은 그 때문일 것이다.

그들은 가격표를 $ 99.99 식으로 붙인다. $100.00 보다는 $ 99.99가 싸 보이는 착시현상을 이용한 것이겠지만 그건 1전짜리 하나로 사람을 우롱하는 짓이다. 백불을 받고 싶으면 100불이란 표를 달 일이지 얍삽하게 $99.99가 무언가?

내가 가장 좋아하는 말에 장자(莊子)의 '지혜출유대위'(智慧出有大僞)가 있다. 인간에게 지혜가 생기자 큰 거짓이 생겨났다는 것이다.

슈팽글러는 서양정신의 본질은 '무한추구성'이라 했지만 그런 약아빠진 심성으로 무한을 추구하면 무엇하나 싶다. 숫자는 아무리 많아도 유한한 것인데 유한한 숫자개념으로 무한을 좇으려하면 도리어 유한의 틀 속에 갇히고 만다. 무한은 숫자의 유한성을 극복할 때에 비로소 도달할 수 있는 경지가 아닐까 한다.

전통사회에 살았던 우리 선비들은 비록 가난했어도 옴니암니 따지질 않았다. 너무 주판알을 튕기면 머리칼에 홈 팔놈이라고 욕을 했다. 소인유어리(小人喩於利), 군자는 만사를 의로 이해하지만 소인배는 득실만 따진다. 옛 선비들은 셈하는 걸 천하게 여겨 통째로 내어 주며 알아서 가져가라고 했고 젓가락으로 돈을 집어 주기도 했다.

사실 돈이 많으면야 좋기는 하다. 솔직히 '다다익선'이다. 그러나 원효대사에 의하면 '지고선은 요익유정'(至高善饒益有情), 최고의 선은 중생을 이롭게 하는 것이다. 돈도 많으면 좋겠지만 중생을 이롭게 하지 않는다면 많은 것이 무슨 소용인가.

원래 한고조 유방(劉邦)이 다다익선이라고 한 것도 재물이 아니라 유능한 사람은 많을수록 좋다는 의미였다. 훌륭한 사람은 많을수록 좋고 그게 천하를 일통(一統)한 힘이었다는 것이다.

무조건 많은 게 좋다는 생각은 착각이다. 중생을 위해 무엇을 하였는가, 얼마나 나누었는가, 얼마나 뜨겁게 사랑하고 끌어안았는가가 사람의 가치를 결정하는 세상이 어서 오기를 기대한다.

한 주일 치의 행복

"오냐, 되기만 해봐라…"

대게 그런 오기로 로또를 산다. 되면 뭘 어쩌겠다는 건지 몰라도 말이다. 나도 그러면서 로또를 산다. 허나 그때 뿐 사고 나면 지갑 속에 넣어둔 채 잊고 지낸다. 읽던 책갈피 속에 다 끼워뒀다가 시효가 지나버린 적도 더러 있다.

그건 나의 게으름 탓이라기보다 당첨 희망이 턱없이 낮기 때문이다. 확률이 '영'에 가까우니까 잘 간수할 마음이 없는 것이다. 로또의 당첨률은 길가다 차에 치어 죽는 것보다도 낮고 벼락 맞아 죽는 확률과 비슷하단다.

그래도 로또 한 장이 지갑 속에 들어 있으면 한주일 치의 행복을 간수하고 있다는 기분이 든다. 주말에 가서 그게 허탕이 되면 또 한주일치의 희망티켓을 사서 간수하면 된다. 말하자면 로또복권은 한 주일동안 살아갈 용기를 공급해 주는 희망의 끄나풀 같은 것이라고나 할까.

로또의 본 고장 미국에서는 정부가 'Food Stamp'라는 식품교환권을 저소득층에 나눠준다. 그러면 가난한 이들은 그 배급표를 팔아서 로또가게로 달려간다. 끼니를 굶으면 배가 고프듯이 희망티켓이 동나면 마음에 허기를 느끼고 가슴에 공동(空洞)이 생긴다. 그들은 배가 고파도 참지만 마음이 고픈것은 참기 어려운 것 같다.

정부가 복권장사를 하는 건 그 때문이 아닐까. 제조원이 정부인 판도라 상자… 뚜껑을 열면 '희망'이란 색깔의 연기가 피어오르지만 실재로 그걸 붙잡지는 못한다.

그래도 간밤에 별난 꿈이라도 꾸면 "로또를 사야지…" 라고들 한다. 종이 울리면 침을 흘리는 파블로의 개처럼 조건반사적이다. 내가 파블로의 강아지처럼 조건반사적 충동구매를 했던 것도 간밤에 꿈을 꿨고 그 꿈이 예사 꿈이 아닌 돼지꿈이었기 때문이었다.

사건발생 시간과 장소는 법보사찰인 양산 통도사의 명부전 뒤편이었다. 거기 큼직한 흰 돼지 한마리가 모로 누워있었는데 그 몸통이 유리알처럼 투명해서 속까지 훤히 들여다보이는 것이었다. 더 수상한 것은 그 몸통 속에 전구 알 하나가 들어 있어 규칙적으로 켜졌다 꺼졌다를 반복하니까 그때마다 돼지의 몸도 밝아졌다 어두워졌다 하는 것이었다.

참 이상한 꿈도 다 있다 싶었다. 대개 꿈이란 깨고 나면 잊어버리는데 그 날은 깨고 나서도 생시의 일처럼 또렷했다. 나는 일어나 앉아서 멍 하니 꿈의 의미를 생각해 봤다. 거기가 유명한 통도사였으니 혹시 삼장법사를 모시고 갔던 저팔계가 아닐까 싶었다. 하지만 몸통 속에 전구 알이 번쩍대는 건 또 무언가. 아무리 생각해도 잘 모르겠다.

그렇게 생각에 잠겼다가 문득 떠오른 것이 로또였다. 나는 대오각성한 사람처럼 “아! 로또!”하고 외쳤다. 좀 별난 꿈을 꿨다 해서 그걸 로또로 연결시킨다는 건 역시 나란 인간이 속물이란 증거다.

로또를 사러가는 길에 생각난 것이 김유신의 누이동생 문희의 얘기였다. 문희의 언니 보희가 꿈에 남산에 올라가 소변을 보니까 서라벌에 대홍수가 나고 집들이 물에 잠기더란다. 그 얘기를 들은 문희가 치마 한감을 주고 그 꿈을 샀는데 그 때문에 결국은 문희가 김춘추 즉 태종 무열왕의 왕비가 됐다는 얘기다.

그녀의 꿈은 역사에 나올 만큼 대단한 길몽으로 친다. 하지만 내 돼지꿈도 그에 못지않은 길몽이 아닐까, 그런 생각이 들었다. 보희는 산위에서 고작 소피를 봤지만 나는 신성한 해동 대가람 통도사에서 큼직한 돼지를 만났다. 어느 쪽이 더 복꿈인가? 게다가 몸속에 전기시설 까지 갖춘 저팔계였으니까 더 말할 나위가 없었다.

하지만 아이들 꿈은 개꿈이다. 1등 당첨은 커녕 1천 원짜리도 건지질 못했으니 꿈이란 성경말씀대로 '헛되고 헛되도다!'라고 하지 않을 수 없었다. 허망한 돼지꿈 꿨다고 복권을 산다는 자체가 더욱 헛된 짓이겠지만 말이다.

사람의 한 평생은 한바탕 꿈이다. 깨고 나면 허무만 남는 허망한 꿈…그 꿈속을 헤매던 내가 또 꿈을 꾸고 헛된 복권을 샀다니 얼마나 우스꽝스러운가. 꿈속에서 또 꿈을 꾼 나는 누구인가? 복권이란 것도 하나의 마취제이면서 환각제 같은 것인데 말이다.

을지문덕과 알레르기

아직도 만년필 고치는 일로 먹고 사는 노인이 있단다. 그저께 신문에서 읽은 얘기다. 이제 만년필이라면 박물관에 가야할 신세인데 그걸 업으로 해서 어떻게 밥을 자실까 은근히 걱정 되었다.

지난 60년대에는 결혼예물로 줄만큼 만년필은 귀물 대접을 받았다. 장대 끝에다 말총 고리를 매달아 그 놈으로 행인의 윗 포켓에 꽂힌 파카 만년필을 낚아채는 도둑이 횡행했다. 글을 쓴다하면 펜이나 만년필로 썼으므로 펜촉을 신문사의 사기(社旗)나 로고로 삼던 시절이었다.

기자를 '무관의 제왕'이니 '사회의 공기'(公器)니 하며 추켜세웠다. 그러나 내가 신문기자가 된 건 그 때문이 아니었다.

글 쓰는 것을 남자의 로망으로 생각하던 시절이었고 아무래도 글 쓰면서 밥 먹을 수 있는 직업은 신문기자 밖에는 없었다. 불의와 싸우고 사회정의를 세운다는 순진한 자부심 보다 신문사는 글로 먹고사는 지식산업이란 점에 매료됐다고나 할까.

기자가 되고 보니 스트레이트 기사는 오래 생각할 여유가 없었다. 데드라인이 생명이라 번개에 콩 궈 먹듯 써야했다. 그야말로 쓰는 게 아니라 마구 갈긴다고 하는 게 옳았다.

마감시간의 편집국은 전화벨 소리, 텔렉스 소리, 전화통에 질러대는 고함소리가 짬뽕이 되어 도떼기시장처럼 부산했고 바닥은 구겨서 던진 원고지로 어지러웠다. 사회초년생이었던 나는 활기차고 정열적인 그 편집국의 분위기하며 윤전기실의 산더미같은 기계와 잉크냄새가 좋았다.

원고는 갱지(更紙)를 손바닥보다 좀더 크게 자른 종이에다 펜으로 써 내려 갔다. 편집국 내 책상 위에는 파랑 빨강의 잉크 스텐드가 놓여있었고 수시로 사환아이가 잉크를 채워 놓았다.

그러다가 나는 미국으로 갔다. 가서보니 거기서는 쓰는 작업이 전부 타자기였다. 아직 개인용 PC가 나오기 전이었지만 펜, 만년필 등은 이미 퇴물이 되었고 학생들도 과제물이건 논문이건 타이핑이 상식이었다. 수기(手記)는 교수님이 거들떠보지도 않았다.

대학원 공부를 위해 나는 전동타자기 한 대를 신품으로 샀다. 각오했던 일이긴 했지만 어찌 그렇게도 써내야 할 것이 많던지 평생 할 고생을 그때 다 했던 것 같다. 나는 만학도요 영어도 어둔한데 발표와 토론 과제물이 날 짓눌렀다. 수업이 죄다 프리젠테이션 이니까 책을 읽고 소화시켜가지 않으면 교수님께 찍히기 마련이다. 한국에 돌아와 대학서 가르칠 때는 기말에 과제물 한번 내라고 해도 학생들이 울상을 지었지만 미국서는 과목마다 매학기 과제물이 네다섯 번이 보통이었다.

내 전동타자기도 그토록 두들겨 댔으니 무쇠라도 배겨 내기 어려웠을 게다. 결국 대학원과정을 마치자 기계도 함께 고장이 났다. 입학하면서 신품을 샀는데 졸업에 맞춰 내게 작별을 고하니 신기할 따름이었다.

하지만 오래 된 내 감기는 낫질 않았다. 시험기간에 교수님이 과제물 말고 시험을 고집하면 난 잔뜩 긴장했고 너무 용을 쓴 나머지 된통 감기몸살은 앓곤 했다. 그 때도 '시험방'에서

콜록기침을 해가며 쓰고 있을 때 누군가 "아 유 오케이?" 하기에 쳐다보니 시험감독인 조교선생 TA였다. 그는 "대충 쓰고 스쿨닥터를 만나보지 그래…"했다. 그 때 교의(校醫)는 여성닥터였는데 그건 감기가 아니라 '엘러지' 즉 알레르기 같다고 했다.

그녀가 시키는 데로 큰 병원에 가서 등을 여기저기 찌르고 검사를 했다. 결과는 역시 알레르기며 원인은 집 먼지House dust란다. 방귀가 잦으면 변을 본다고 시험 때 마다 감기에 걸리더니 결국 고질병이 되고 말았다. 그러나 그건 공부하느라 얻은 병이니까 '글 덕' 이요 "문덕"(文德)이다. 을지문덕의 문덕이 아니라 글(文) 덕(德)이란 문덕이다.

옛날 어느 마을에 가난한 젊은 선비가 살았다. 하루는 그가 글을 읽고 있는데 곁에서 아내가 저고리를 벗고 이(蝨)를 잡고 있었다. 아내의 어깨와 팔이 창호지를 통해 비치는 햇빛에 무척 고왔다. 선비는 읽던 책을 덮고 아내와 운우의 정을 나눴는데 그로부터 아내에게 태기가 있어 옥동자가 태어났다.

선비는 그 아들에게 '문덕'이란 이름을 지어 줬다. 글 읽던 덕에 얻었으니 '문덕'이요 아내를 이란 벌레가 문 덕에 생겼으니 '문덕'이다. 문덕은 자라서 대과에 급제하고 가문의 영광을 드높였으니까 그 모두 문덕이었다. 양반은 글 덕, 상놈은 발 덕이라고 했는데 그 아기는 문덕이었다.

그러고 보면 을지문덕도 '이'가 문 덕분에 태어난 문덕이 아닐까? 하는 실없는 생각을 해본다. 나의 경우는 중간시험 땜에 얻은 병이니까 그것도 문덕 알레르기라고 하면 말이 될까. 좀 억지스럽지만 말은 된다고 생각한다.

알 카포네의 손녀딸

영화음악이라면 단연코 모리스 자르가 작곡한 '라라의 테마'다. '대부'의 주제곡 '부드럽게 사랑을 말해 줘요'Speak softly love도 좋았는데 비정한 갱들의 삶속에서 피어나고 스러져간 뭇 사람들과 그들의 사랑, 그 노래가 잊혀지지 않는다.

느와르 걸작영화 '대부'는 마피아의 우두머리로 나왔던 마론 브란도가 가장 인상적이었다. 하루는 그 마피아 대부 돈 꼴레오네를 찾아 온 동네 장의사가 자기 딸을 욕보인 건달을 손봐 달라고 부탁한다. 그러자 "자네부탁은 우정의 부탁이니 들어 준다"며 이렇게 덧붙인다. "하지만 자네가 필요할 때는 내가 자네를 부를 거야."

대부에게서 무엇인가를 받거나 부탁하는 순간 국회의원, 고

위관료, 경찰 등은 죄다 마피아에게 놀아나는 꼭두각시가 된다. “난 절대 거절 못할 것을 요구한다”I'm going to make him an offer he can't refuse.는 대부의 말이 무척 의미심장하게 들렸다. 몇 가닥의 줄로 꼭두각시를 부리는 선전 포스트는 그걸 패러디한 것이었다.

미국 시카고 시절 나의 단골여행사에 카포니Capone란 여직원이 있었다. 중년의 뚱뚱한 백인으로 친절하고 싹싹했다. 그녀는 악명 높던 시카고 마피아보스 알 카포네의 손녀딸이었는데 그녀는 지난날의 모든 걸 잊은 듯 평범하게 살고 있었다.

그러나 시카고 하면 떠올리는 것이 알 카포네였다. 지난 2−30년의 금주법시대, 그는 지하경제를 틀어쥐고 시장마저 그의 손아귀에 있었다. ‘시카고 타이프라이터’라던 기관단총으로 ‘벨런타인 대학살’을 저지르는 등 그야말로 무법천지였다. 하지만 검찰의 갱단소탕을 피하지 못하고 바다에 떠있는 엘카트레스 감옥에서 매독과 정신병을 앓다가 비참하게 죽고 말았다.

범죄도시 시카고는 이제 경제문화 중심의 청정도시다. 내가 그곳에 살았던 젊은 시절, 가끔 혼자서 Loop이라 불리는 다운타운의 바에서 칵테일 한 잔하고 심야의 도심을 걷곤 했지만 아무런 탈이 없었다.

하지만 한국의 '관피아'는 세월이 가도 건재하다. 알카포네처럼 역사의 뒤편으로 사라지기는 커녕 바퀴벌레처럼 곳곳에 파고들어 우리사회를 좀먹고 있다. 오죽하면 관피아 망국론이 나올까.

미국은 마피아가 권력기관을 손아귀에 넣고 조종하는 와이어풀러wirepullers였는데 한국은 되레 권력이 마피아 짓을 한다 해서 '관피아'란 이름을 얻었다. 그들은 전관예우를 코에 걸고 끼리끼리 해먹고 서로서로 비리를 눈감아 준다.

지난 1929년 당시는 영국이 패권국가로 5대양6대주를 주름잡던 시대였다. 그 어느 날 밤, 런던 지하철을 타고 가던 맥도널드수상James R. MacDonald을 상대당 그란트 의원이 목격했다.

대영제국의 노 수상이 밤늦게, 비서도 대동치 않고 수많은 노동자들로 만원을 이룬 밤차를 타고 가는 것이었다. 그것도 지하철 손잡이를 잡고 선채로 가는 것을 본 그란트 의원은 놀라서 물었다.

"수상께서 이렇게 늦은 시간에 어찌 지하철을 타십니까? 승용차는 어찌 된 것입니까?"

그러자 맥도널드 수상은 웃으며 "자동차가 있지만 그건 관용차가 돼놔서…” 했다. 개인목적으로 관용차를 쓸 수 없다는 말이었다. 맥 수상이 훌륭한 인물임을 알고 있던 그란트의원은

“수상께서는 지금 대영제국을 이끌고 있는 몸입니다. 볼일이 있을 때는 관용차를 쓰는 것이 우리나라를 위해서도 이로운 일이 아닙니까?

했다. 그러자 노 수상의 대답은 이랬다.

“좋은 말씀입니다. 그러나 세상의 여러 가지 옳지 못한 일들이 좋은 구실을 붙여 저질러지고 있는 것을 아셔야 합니다”

그들은 더 말이 없었으나 그 후부터 그란트는 맥 수상 편에서 열심히 일했다고 한다. ‘맥’수상은 1924년, 29년 두 차례나 영국수상을 지냈는데 그럼에도 그는 가난했고 그의 가난은 ‘Noble poverty’라 불린다. “위대한 가난” 아니면 “고결한 가난”이라고 할까.

맥 수상을 생각할 때마다 왜 그런 인물이 지금 우리에게 없을까 하고 생각해보게 된다. 공과 사를 구분 짓는 일이 그다지 어려운 일도 아닐텐데 여기서는 그렇지가 않은 모양이다. 맥 수상은 관용차도 사사로이 쓰지를 않았다는데 우리 사회에는 권력을 쥐면 모든 게 자기 것으로 보이는 사람들이 많아서 탈이다. (‘밀양신문, 2014. 6. 19.)

어깨동무

나무는 나무 관세음보살 같아서 나무라 하는지도 모르겠다. 그러니까 이 세상의 삼라만상 중에서 나무가, 나무 중에서도 소나무가 가장 좋은 것 같다. 소나무는 등걸이 검은 흑송도 있고 백송도 있지만 우리나라에 가장 많다는, 등걸이 불그레한 적송이 가장 아름답다.

가끔 들르는 백양산 선암사의 대웅전 앞뜰에 적송 한 그루가 있다. 전봇대처럼 곧추 뻗은 것이 아니라 밑 둥이 휘영청 구부러진 아름드리 소나무인데 보면 볼수록 멋이 있고 운치가 있다. 솔가지에 부는 송풍(松風), 삐죽삐죽한 이파리들이 계백장군의 곧추 선 수염처럼 기세등등하다.

그 노송이 졸고 있는 듯 보일 때도 있다. 멜라르메의 시에

'목신의 오후'가 있다지만 백양산 노송도 초가을 오후의 따사로운 햇살에 졸고 있는 것 같다. 자고로 나이 많은 큰 고목에는 신령스러운 기운이 서려있다고 했다. '치세의 영웅이며 난세의 간웅' 이라던 조조는 노목의 노여움을 사서 비명횡사했다고 한다.

그는 좌우에서 말리는 데도 막무가내로 큰 나무를 베려고 고집을 부리다가 두통병을 얻어 당대의 명의 화타(華佗)를 불렀다. 그러나 머리를 갈라서 뇌를 꺼내고 약물에 씻어야 한다는 의원의 말에 더럭 화가 났다. 머리를 쪼개다니 날 죽일 셈이냐며 턱도 없는 의심을 품고 만고의 명의 화타를 옥에 가두었지만 그러나 자신이 먼저 죽고 말았던 것이다.

선암사 적송에 반한 나는 그 정경을 한번 그려보고 싶었다. 그렇다고 해서 이젤을 세우고 물감을 칠하는 따위 복잡한 짓은 그만두고 만년필로 펜화를 그리려고 했다. 이래 뵈도 나는 한때 환쟁이가 돼보려 했다가 돈이 없어 포기한 화가 지망생이었다. 반 고호가 "절대고독을 그리려다 실패했다"고 했듯이 나도 인간실존을 그리려다 실패했다고 변명하고 싶다.

그 날 선암사 노송을 그리는 내 옆에 어떤 어린이가 구경하다가 물었다.

"색칠은 안하세요?

"아저씨 화가에요?"

그러는 아가씨도 있었다. 그런 질문에는 소이부답(笑而不答) 하고 나는 그리기만 계속했는데 그날의 선암사 정경 펜화는 지금 우리 집 거실에 걸려 있다.

뭐 대단한 작품이라고 할 건 없지만 그 그림에는 나 나름의 그리움 같은 게 녹아 있다. 오랫동안 살았던 부산, 아직 거기 살고 있는 형제들과 정다운 벗들, 지나 간 날들의 추억이 그 속에 오롯이 녹아 있는 것 같다. 그 선암사 법당과 그 뜰 앞의 노송을 생각하면 멀리 가버린 그 시절, 그 사람들이 무척 그리워진다.

그 소나무와 가장 대조적인 것이 버들이다. 소나무는 뻣뻣하고 이식이 불가능해서 비타협적이지만 버들은 가지가 땅으로 드리워져 바람 부는 대로 나부껴 매우 순응적이다. 버들은 뿌리 없이도 살고 삽목(揷木)이 가장 쉽고 빨리 자라니까 적응력이 뛰어나다는 것이다.

미증유의 위기상황에 맞닥뜨린 우리로서는 버들의 유연성과 위기대응력을 배워야 할 것 같다. 혀는 비록 허물 허물하지만 딱딱한 이가 다 빠져도 남는다고 장자가 말했다. 버들가지로 소나무의 굳은 장작을 묶는다는 말을 음미해 볼 필요가 있지 않을까. 칫솔이 없을 때는 버들가지 양지(楊枝)로 양치를 했다고 하니 버들이 얼마나 부드러운지 알만하다.

어쨌거나 나무는 만물의 근본이다. 나무 木에다 줄 하나를 그으면 근본 본(本)자가 되는 이유를 알 것 같다. 그리고 나무 옆에 사람이 있는 글자가 쉴 휴(休)자다. 사람은 항용 나무그늘에 앉아서 땀을 들이고 다리를 쉰다. 나무가 있어야 마음이 편해지고 위안을 얻는다.

나무는 인간에게 요긴한 모든 것을 주는데 인간은 나무를 해코지 한다. 요새 도시의 소나무들도 그런 수난의 대상이다. 맨 꼭대기에만 잔가지와 잎을 남겨 두고 아래쪽은 다 쳐버려 야자수소나무 꼴을 만들어 놨다. 큰 키의 장대한 소나무들이 팔다리가 잘린 채 멀뚱히 서 있는 모습은 안쓰럽고 딱하다.

안 그래도 성형왕국 소리를 듣는 참이라 나무마저 가만두려고 하질 않는다. 개나 길 고양이를 때리면 동물학대라고 하면서 나무학대는 못 본 척 한다. 선진국에서는 나무를 멋대로 베다간 큰 경을 친다. 제 집 안뜰의 나무라고 해서 맘대로 하질 못한다.

한국은 20-50클럽이니 해가며 선진국 타령을 하면서도 나무를 홀대한다. 봄이면 지리산의 고로쇠나무에 구멍을 뚫고 거기에 대롱을 박아 수액을 뽑는다. 그러나 내 눈에는 그것이 곰 옆구리에 구멍을 뚫고 웅담을 빨아먹는 짓과 별 다름 없어 보인다. 산은 산이요 물은 물이다. 그리고 나무는 나무가 아닌가.

산에 가면 한번 씩 나무를 끌어안아 본다. '나무 허깅'이다. 그러면 "진주라 천리 길을 내 어이 왔던가? 촉석루의 달빛에 나무서방을 얼싸안고…" 그런 노래가 생각난다. 사람들은 소위 서양식 '스킨십'은 많이 해도 나무 허깅은 잘 모르는 것 같아 섭섭하다. 그리고 이제는 동무와 어깨동무 하고 노래를 부르며 가던, 정답던 그 때를 깡그리 잊어버린 듯하다.

옛적에는 길가다 만나서 악수를 해도 두 손을 꼭 잡고 정답고 정중하게 안부를 묻고 가정일도 서로 걱정했는데 요즘은 건성으로 손가락 두어 개를 잠시 쥐었다가는 만다. 술이라도 한잔 하면 어깨동무를 하고 달구경을 하며 걷던 낭만시대가 그립다.

툭하면 아무거나 자르고 베고 할 것이 아니라 연인처럼 한 번 씩 나무를 포옹해보면 어떨까. 그러면 나무의 싱싱한 기를 받을 수 있고 마음의 평화를 얻을 수가 있다. 소나무가 내뿜는 피톤치트는 최고의 힐링이요 웰빙이란다.

나의 애송시

입에는 말이 적어야 하고 배에는 밥이 적어야 한다. 소언소식(小言小食) 하는 것이 건강비결이다. 배에는 밥은 적어야 하지만 머릿속에는 아름다운 시가 풍부하게 저장돼 있어야 한다는 것이 내 생각이다.

맨 날 입으로 돈 얘기나 하는 사람은 스크루지 같고 샤일록 같다. 그런 사람과는 재미가 없어 얘길 나눌 맛이 안 난다. 60이면 배운 사람이나 못 배운 사람이나 같고 70이면 있는 사람이나 없는 사람이나 그게 그거라고 한다.

그러니까 웬만하면 늙어서까지 돈벌 욕심에 마음을 괴롭히지 말고 먼데를 쳐다보며 시라도 한 수 외울 마음의 여유가 있어야 한다. 사막 한가운데 작지만 풀과 나무가 있어 사람과

짐승이 쉬어 가듯이 우리 가슴속에도 시원한 그늘과 한가로이 쉴 자리가 있어야 한다. 그래야 나이 들어도 인간이 황폐한 폐가가 되지는 않는다.

커가는 어린이들은 더욱 그렇다. 자랄 때는 책을 읽고 시를 외울 줄 알아야 온후관대한 인격으로 자라고 자라서도 소년 시절의 꿈과 낭만을 간직하고 원만하고 행복한 삶을 살 수가 있다.

하지만 요새 시라고 하는 것들은 시인지 수필인지 아니면 콩트나 단편소설인지 전혀 분간이 안 간다. 소위 운율파괴라던가, 시에 운율이 없다면 그걸 구태여 시라고 할 이유가 없지 싶다.

유니섹스라는 말, 여자도 아니고 남자도 아닌 양성인간이 거리를 활보하고 남성끼리 혹은 여성끼리 부부가 되는 세상이지만 문학도 산문 운문 구별이 없어지는 현상을 뭐라고 할는지 모르겠다. 그렇다면 시인을 왜 수필가나 소설가라고 하질 않고 시인이라고 하는지도 모르겠고.

이 지음의 그 난해시란 것도 이해하기 힘 든다. 문학은 사람들에게 지적 쾌락과 미적 쾌감을 공급해 줄 수 있어야 하는데 그렇듯 어려워 갖고야 시에서 무슨 즐거움을 찾을 것인가. 읽어도 무슨 소린지 모르니 내가 우리말도 모르는 바보천치인가 싶고 내 머리가 이렇게 아둔한가 하는 생각이 든다. 그럼에도 신문들은 날마다 그런 시를 싣고 어려운 외국어 번역하듯 해석을 해주고 있다.

그런 난해 시는 지은 이도 무슨 말인지 모른다고 했단다. 어느 유명한 시인에게 난해시를 읽어주고 해설을 부탁했더니

"그 시 어렵네, 누가 쓴 것이요?"

하고 묻더란 것이다.

"바로 선생님이 쓴 것인데요. 잊어버리셨어요?"

하자 그 노 시인

"그래! 하지만 그 뜻은 나도 모르겠구만…"

하더란다.

중국의 백낙천 백거이(白樂天 白居易) 시인은 글은 모름지기 재미나고 쉽게 써야 한다며 자신의 호도 낙천(樂天)으로 했던 사람이다. 그가 글을 쓰면 우선 마을노인에게 가져가서 읽어 드리고 어떠냐고 물어 봤다. 노인이 별 재미가 없다든지 어렵다든지, 안 좋게 얘기하면 그 자리에서 그 글을 찢어버리고 다시 썼다. 그리고는 "거 재미있소"라고 해야 비로소 흡족해 했다는 것이다.

당시(唐詩)는 그런 게 없어 좋다. 어렵지 않고 그림 같이 아름다우면서도 깊은 뜻과 교훈을 담고 있다. 당시를 읽다보면 저절로 한문공부를 하게 되니 그것도 이득이다. 일거양득이랄까 꿩 먹고 알 먹는 셈이다.

한시로 말하자면 만당(晩唐)시인 두목(杜牧)이 내가 제일로 좋아하는 시인의 한사람이다. 이태백이나 두보, 백낙천 같은 대시인은 너무 유명해서 좋아하고 말고가 없지만.

清明時節雨紛紛 청명시절이라 봄비 분분한데
路上行人欲斷魂 오가는 행인들 넋이 나간 듯
借問酒家何處在 술파는 집 어디냐고 물어보니
牧童遙指杏花村 목동은 멀리 행화촌을 가리키네

두목시인의 '청명'이다. 말만 들어도 기분이 상쾌해지는 '청명', 겨우내 움추렸던 가슴을 활짝 펴고 봄의 내음을 맘껏 들이키고 싶어진다. "눈이 부시게 푸르른 날은 그리운 사람을 그리워하자…"던 미당의 '푸르른 날'에 어울리는 계절이 청명이다. 봄은 "보다"에서 왔다고 하니까 생명력으로 가득한 봄의 바이텔러티를 눈이 시리도록 바라볼 때다.

'청명'은 시어가 아름답고 함축적이라서 중국에서는 초등학교 교과서에 실려 있다고 한다. 다만 "욕단혼"(欲斷魂)이란 말이 약간 어렵긴 한데 '단혼'의 사전적 해석은 "넋을 잃는다."는 말이다. 중국 교과서에는 "십분 상심한 애수적인 모습"(十分傷心哀愁的樣子)으로 풀이하고 있다고 한다. '욕'(欲)은 "거의 할 뻔하다"의 의미니까 '욕단혼'은 "거의 넋을 잃을 뻔"이라고 이해해야 할 것 같다.

하지만 넋을 잃는다는 것이 '상심한' 경우 만일까? 반드시 그렇지 않다고 나는 생각한다. 상심해서가 아니라 봄의 정경에 취해 넋 나간 사람 같아 보인다고 말하려는 게 아닐까. 함축적이고 시적인 문자인 한문으로 쓴 한시를 너무 직설적으로 해석하면 시가 머금고 있는 깊은 맛이 우러나질 않는다.

두목(杜牧)시인의 '청명'을 나는 20대에 배웠다. 산 이름을 천개나 외우는 이도 있다지만 나는 그런 머리도 없고 그저 시 서른 수 정도는 가슴 속에 잘 간직하려고 마음먹었다. 우리 시와 한시(漢詩) 그리고 영시(英詩)를 열 수 씩 해서 서른 수인데 '청명'도 그중의 하나다.

제5부

그러게 말이에요

루나 씨

검정 조각보처럼 동강 난 도시의 밤하늘, 그 어둔 허공에 둥근달이 떴다. 고층건물의 검은 실루엣에 가린 하늘이 아이들 손바닥만큼 작고 초라하다. 그래도 못난 우리를 잊지 않고 이 옹색한 곳을 찾아주신 달님이 고맙기만 하다. 저 달이 있기에 이 누추한 곳이 조금은 그럴싸해 보인다.

고운 최치원 선생은 등불아래 만리심(燈前萬里心)이라 했지만 나는 달이 만리심이라 하고 싶다. 달을 보면 내 마음은 어느 새 천만리 먼 곳으로 다름 질 친다. 어디선가 아련히 다듬이 소리가 들리는 듯하다. 달 밝은 밤이면 그런 환청을 나는 듣는다.

다듬이 소리는 갈바람처럼 투명했다. 조선에 여행 왔던 어떤 서양사람이 다듬이 소리에 귀 기우리며 "참 아름다운 소리군요…저게 무슨 악기지요?"라며 감탄했다고 한다. 이젠 그 그리움의 음향이 사라지고 없으니 미상불 안타깝다.

자동차들의 용쓰는 소리, TV의 소음, 지하철의 쇠 갈리는 소리, 오만가지 비루먹은 소리에 귀가 먹먹해 진다. 이제 그런 소리를 들어도 괴로운 줄을 모르니 현대인들의 가슴은 누더기가 돼 가는 걸까.

잡탕공해가 없던 해맑던 시절이 그립다. 어디선가 멍멍 개 짖는 소리, 낮닭 우는 소리가 멀리 들리던 시절, 장독대 옆 감나무에서 "툭!" 풋감 떨어지는 소리가 들릴 만큼 사위가 적막하리만큼 고즈넉했다. 그런 밤, 멀리서 들리는 다듬이 소리는 드뷔시의 '달빛'보다 더 아름다운 한국의 야상곡이었다.

> "…저기 저기 저 달 속에/ 계수나무 박혔으니/ 금도끼로 찍어내고 은도끼로 다듬어서/ 초가삼간 집을 짓고/ 양친부모 모셔다가 천년만년 살고지고"

그 노래를 들으면 왜 눈물이 나는 걸까. 그건 우리가 달의 정서를 머금은 때문일까, 저 달 속에 그리운 사람의 얼굴이 어리기 때문일까. 아낙네들은 보름달을 이고 달처럼 둥글게

돌며 강강수월래를 불렀다. 고대 아즈텍 사람들은 산 사람의 심장을 꺼내어 태양신에게 바쳤다지만 우리는 꿈에도 그런 악독한 짓을 할 줄 모르던 착하디 착한 민족이었다.

우리가 마음 곱고 정 많은 민족이라 달을 좋아하게 된 걸까? 아니면 달을 좋아하기에 덩달아 마음이 고와진 것인지 여하간 우리는 달을 사랑했던 달의 민족이었다. 지금 우리는 TV 없이는 못사는 'TV 족속' 이지만 우리 옛사람들은 그러질 않았다. TV 따위 없어도 달이란 멋들어진 오락과 시가 있었던 것이다.

"텔레비전의 Tele는 '멀리 전송한다'는 뜻이고 Vision은 '영상'이니까 TV는 '멀리로 영상을 보내주는 기계'다. 그런데 보름달은 그보다 더 먼 곳에서 더 아름다운 정경을 보내주니까 보름달이 진짜 TV가 아니고 무엇인가.

그런데도 남성 상대 설문조사에서 무인도에 표류할 때 딱 하나만 선택하라면 비키니 미인이 아니라 TV를 선택하겠다는 사람이 제일 많았다고 한다. 요즘 신세대라면 스마트폰이나 아이페드를 선택하겠지만 말이다.

요즘의 TV방송은 천박한데다 외설폭력 투성이다. 하지만 신라의 달, 조선의 달은 사랑과 시, 노래를 머금고 있었다. 그리고 서정적이며 곱고 순수하다.

달은 중천의 달도 좋지만 솔가지에 걸린달, 달그림자가 강물에 비치는 정경은 더 없이 아름답다. 아무리 사람이 달에 갔다 오고 그 비밀이 벗겨졌다 해도 아직도 달은 신비 그 자체다.

반면에 서양 사람들은 달을 그다지 사랑하질 않는 별종들이다. 우리는 정다운 마음으로 달을 보지만 그들은 광기와 우울증으로 본다. 지난 미국 대선 때도 트럼프 공화당후보는 북한의 김정일을 "루나씨"lunacy라고 불렀다.

'루나'는 달이지만 '루나씨'가 되면 '정신이상자 미치광이'가 된다. 그러니까 '씨'를 붙여준다고 무조건 좋아하면 안된다. 그리고 달빛moonshine은 '헛소리'의 뜻이다. 오스카 와일드는 "해골 같은 달이 떴다"고 읊었는가 하면 월터 휘트먼은 "유령 같은 달"이라 했다.

도스토옙스키의 '죄와 벌'에서 라스콜리니코프가 도끼로 고리대금업자 노파를 죽인 후 "이렇게 된 건 모두 저 달 때문이다!" 라고 독백한다. 서양 점성학은 사람이나 개는 달빛 때문에 미친다고 보았다. 헌팅턴 교수가 '문명의 충돌'에서 썼듯이 동서양의 인식차이는 바다만큼 넓고 크다.

서양인들은 보름달도 금세 이지러지니까 신혼의 허니문도 쓰디쓴 달bitter moon이 된다고 생각하는지 모르겠다. 하지만 보름달은 초승달이 되었다가 다시 보름달이 되고 끝없이 돌고 돈다. 세월은 영고성쇠를 거듭하며 유전한다. 우리는 언제나 꽉 차서 이글대는 태양보다 시적이며 철학적인 달을 더 좋아했던 것이다.

달을 보면 내 마음은 그리움에 젖는다. "달 달 무슨 달 쟁반 같이 둥근달. 어디어디 떴나…" 노래하면 달은 술잔 속에도 뜨고 동산 위에도 뜨고 초가지붕 위에도 둥근 박처럼 달이 떴다. 어릴 적 우물에 일렁이던 달! 세상이 어둡고 소란스러울수록 내 가슴 속에는 환한 보름달 하나를 지니고 싶다.

개발에 달걀?

어느 TV 드라마에서 "개발에 대갈"을 "개발에 달걀"이라고 하는 걸 들은 적이 있다. 웃으려고 그러는가 했더니 스크린 하단에 자막으로 달아 놓기까지 했으니 기가차서 허허 웃음밖에 나오지 않았다

방송은 영향력이 크므로 바른 말, 고운 말, 쉬운 말을 써야 하는데도 요새는 말 더럽히기 시합이라도 하는 것 같다. 그들은 무식하고 잡스럽고 상스러운 말, 품위 없는 말들을 함부로 하고 있다.

"말해 버리고 말았다"거나 "죽이러 들려 하실거야" 따위 곶감접말들이 TV에 넘친다. "잠시 전"이란 되잖은 말도 예사로 쓰고 있다. 여성들이 TV 공개강연을 들으며 일제히 "아

아!" "우우!" 괴성을 질러대는 것은 얼마나 상스러운가? 알고 보면 그들은 대부분 방송사에서 일당주고 데려온 가짜 방청객들이다. 일당 벌려고 직업적으로 그 일을 하는 여성들도 많다. 방송사는 방송효과를 높이려고 그런 소리를 지르라며 부추기는데 일당 받은 값을 하자면 시키는 대로 할 수밖에 없는 모양이다.

그리고 TV의 동물프로는 왜 언제나 "녀석들"인지 모르겠다. 곰이고 늑대고 간에 나왔다하면 "녀석"이란다. 그게 악의가 아니라 동물사랑의 표현이라고 할지 몰라도 왠지 거슬리고 천박하게 들린다. 영어권에서는 짐승도 He, She 또는 It 로 부르는 것이 일반적이다.

그런 방송을 듣고 보고 해선지 국민일반의 언어습관이 형편없이 망가지고 있다. 특히 우리 청소년들은 욕을 입에 달고 산다. 세 시간에 3백 번이나 욕을 내뱉는다는 조사결과가 나와 있다. "날씨 참 좋다"고 할 것을 "짜장 날씨 쩐 나게 좋다"고 한다. 그러나 그게 욕설인지도 모르며 말을 점잖게 하면 잘난 척 한다, 재미없다면서 따돌림 을 당한단다.

그들은 "얌전한 개가 부뚜막에 먼저 올라간다"거나 "호미로 막을 것을 가래로도 못 막는다"는 등 우리 속담의 뜻도 모른다. 부뚜막이나 호미, 가래를 본적도 없으니 알 수가 없을 것이다.

노인을 왜 공경해야 되는지 그들은 모르겠다고 한다. 돈 10억원을 주면 감옥에 가겠다고 한다지만 그들에게 10억원을 줄 사람이 어디 있을까.

밤하늘의 은하수도, 둥근 달 속의 계수나무도, 멀리서 낮닭 우는 소리도, 비 오는 날 장독대에서 꽥꽥 우는 엉머구리 소리도 들어 본 적이 없는 그들이다. 기성세대와는 골이 너무 깊어 마릴린 먼로가 부른 '돌아오지 않는 강'The river of no return처럼 불귀의 강이 가로 놓여 있다는 생각이 든다.

여성들의 "…인 것 같아요" 란 말버릇은 무의식적으로 뜻을 모호하게 흐려서 회피하려는 의도가 숨어있다. 모두들 "부분", "경우"란 말을 왜들 그렇게 자주 쓰는지 모르겠다. "내일 같은 경우는 기온이 올라가서 따뜻할 전망입니다"라고 한다. "내일은 기온이 올라서 따뜻하겠습니다"하면 될 걸 '내일같은 경우'는 무엇이며 '전망'은 또 무언가.

또 "그 부분은 말 할 필요가 없어요"라는 식으로 말한다. "그 점은…" 하면 되는데 꼭 '부분'이란 말을 써야 고상한 줄 아는 모양이다. '경우', '부분' 따위의 말을 자주 쓸수록 수준이 떨어지는 사람이 아닌가…그런 생각까지 든다.

주민센터에서 가정방문 나온 복지사 아가씨에게 "소제를 못해 놔서 집안이 어지러워요. 미안해요."했더니

"예?" 한다.

"소제를 못해 집구석이 지저분합니다."

"소제가 뭐예요?"

"소제가 소제지 뭐긴, 청소말이요." 그랬더니

"아, 청소… 청소를 소제라고 해요?"하는 것이었다.

요새 신세대들은 소제(掃除)란 말도 한자어라서 못 알아듣는다고 생각하니 어처구니가 없었다. 그럼 '청소'(淸掃)도 한자어이긴 마찬가지인데 그건 어떻게 알아 듣노? 싶으니 더 혼란스러워지려고 했다.

그윽하고 아름다운 우리말이 얼마나 많은가. 미리내, 시나브로, 달보드레하다, 잉걸불, 온새미로, 모다기령, 그루밭… 그런 우리말을 알아듣는 사람은 잘 없다. 옛적 우리 할머니들이 젖먹이 손주를 안고 "그 눔 참 엄첩다!"며 흐뭇해하던 모습이 눈에 선하다. 그러나 그 '엄첩다'는 말을 알아듣는 사람이 이제 몇이나 될까.

그럼에도 '해법'이라면 될 것을 '솔루션'이 어쩌니 하고 '임

무'를 '미션'이라고 한다. '개념'을 '컨셉'이라 하고 '최신판'이란 말을 구태여 '최신버전'이라고 하는 등 우리말도 제대로 못하면서 되먹지 못한 영어나부랭이나 써야 유식한 줄 아는 모양이다. 개인은 그렇다 치고 우리말을 아끼고 보호해야 할 정부가 '코레일'Korail 따위 우리말 무시하기에 앞장서고 있으니 한심한 일이다.

점원아가씨들은 "이건 신상품이세요"라며 상품에도 존칭을 붙인다. 그들이 "고객님 고객님"하거나 "사장님"하는 것도 귀에 거슬리고 나이 든 사람에게 "아버님"하는 것도 달갑잖다. 이왕 대접해 주려면 "선생님"이라고 불러주면 좋지 않을까 한다. "삼월 이십 날"이라거나 "35 쪽" 이란 말도 귀에 거슬리기는 마찬가지다.

정치인의 말은 거칠 뿐 아니라 정직하지 못하다. "정치인이 아무 말 않을 때는 무엇인가가 있다. 그러나 무슨 말을 할 때에는 아무 것도 없다"란 말도 있다. 좀 심하달지 몰라도 "정치인은 숨 쉬는 것 말고는 다 거짓말이다"라고도 한다.

정치는 말의 예술이다. 민의는 말로 표출, 수렴되며 정책의 조율과 교섭이 모두 말로 이뤄진다. 그럼에도 막말 거짓말 욕설이 뻔질나게 오고 간다. 민주주의의 산실 영국의회에서는 아무리 화가 나도 '거짓말쟁이' '바보' 따위 말을 쓸 수 없다. 대신 "아무개 의원의 발언은 정직성이 부족하다"며 완곡하게 표현한다는 것이다.

영국의회에는 금기어가 많다. 위선자, 비겁자, 악당, 돼지란 말도 안 되고 회의장을 무단횡단하거나 좌석에서 신문 보는 것도 규칙상 금지다. 상대를 부를 때는 '명예로운'honorable, '유식한'learned '용감한'gallant 등을 붙이는 것이 관례로 돼 있다. 요즘 우리 국회에서도 더러 상대방에게 "존경하는 아무개 의원…"하는 걸 보면 이제야 좀 철이 드는구나 싶기도 하다.

영국의회가 신사적인 건 젠틀맨의 나라라서가 아니다. 알고 보면 영국에도 거짓말쟁이, 사기꾼이 많다. 다만 막말이나 폭력으로 문제를 풀려고 들면 그럴수록 일이 꼬이고 질서가 파괴되기 때문이다.

한 나라 말에는 그 나라의 혼이 녹아있다. 말이 더러워지면 그 나라의 정신도 망가지고 문화도 오염된다. 애써 오늘의 발전을 이룬 우리나라를 더러운 말로 오염시키는 짓은 말아 주었으면 싶다.

그러게 말이에요

"엄마아빠가 왜 우릴 사랑할까요?"

라는 선생님 질문에 "그러게 말이에요…"라고 했다는 어린이, 정말이지 귀엽고 깜찍하다.

"알렉산더 대왕이 죽은 후, 관에다 구멍을 뚫고 신체의 일부를 내 놓게 했데요. 그게 무얼까요?"

그런 물음에 "생식기"라고 대답한 어린이가 있다니 놀랍다. 놀랍지만 맑고 순진하니까 그런 천진난만한 대답이 나올 수 있다.

할머니가 다리가 아프다고 하자 다섯 살짜리가 말했다.

"할머니, 진실로 아프시면 말씀 하세요. 그러다가 다리 부러지면 어떻게 해요…"

할머니는 그 "진실로"란 말이 하도 우스워 다리 아픈 것도 잊어버렸다지 않은가.

하지만 지금 어린이들은 귀엽긴 해도 가엽다. 어머니의 욕심과 허영이 아이들을 힘들게 한다. 어떤 어머니는 다섯 살짜리에게 억지로 8개 국어를 배우게 한단다. 너무 어려서부터 외국어를 배우면 모국어 학습에 차질이 생긴다. 영국, 독일, 이스라엘, 핀란드 등에서는 초등학교 취학 전의 문자 교육을 금한다. 언어능력을 관장하는 뇌는 7－8살이 돼야 본격적으로 발달하기 때문이다.

그러나 대부분의 한국 어린이들은 과외공부에 짓눌려 놀 시간도 없고 먹고 나면 전자게임이나 하니까 살만 자꾸 찐다. 그들은 뭉게구름 흘러가는 하늘도, 돌담 밑에 이슬을 머금고 함초롬히 피어 있는 나팔꽃을 바라볼 여유도 없다.

그러니까 아이들은 동요도 안 부른다. 아니 못 부른다. '낮에 나온 반달', '오빠생각', '섬집 애기' 같은 동요를 부를 서정이 그들 가슴 속에는 남아있지 않다. 신동집 시인이 "서정의 유형"(流刑)을 노래했듯이 그들 마음속에서 서정이 유배를 당해 멀리 가버렸는지 모르겠다. 어린이들이 청소년이 돼도 입시란 돌덩이가 가슴을 짓눌러 소설 한 권 맘놓고 읽어 볼 틈이 없다.

우리 어린이들은 행복지수가 OECD에서 꼴찌다. 우리나라는 노인이 가장 불행한 나라라는데 어린이들마저 그렇다니 큰일이구나 싶다.

대입수능을 치고 나서 난생처음으로 하늘을 쳐다봤다는 학생도 있다. 그리고 구름이 그렇게 아름다운 줄 첨 알았단다. 그들은 수능 후 학교엘 가지만 공부하러 가는 게 아니라 놀이하러 간다고 했다. 무슨 말인가 했더니 고무줄, 공기놀이, 땅따먹기 등을 학교에서 배워 준다는 것이다.

머리가 다 굵은 녀석들이 꼬마들처럼 그런 건 왜? 하겠지만 여태 자라면서 그런 놀이를 해본 적이 없고 할 줄도 몰랐는데 이번에 꼭 해보고 싶다고 한다. 우리는 온갖 놀이를 다 하며 컸는데… 한 번도 해 본적 없다니 딱하다.

이제 아이들은 바깥에 나가 놀기를 꺼린다. 한때는 골목이 아이들의 것이었으나 이제는 나가봤자 함께 놀 동무도 없고 마구 내닫는 자동차들, 어린이 유괴범과 성 범죄자들이 설치고 다닌다. 그러니까 우리 속의 돼지처럼 갇혀서 사육(?)되고 불행해도 그걸 느끼지 못하는 돼지처럼 행불행에 대한 자각조차 없다.

우리 어릴 때는 달랐다. '정글 북'의 늑대소년 '모거리'처럼 자연 속에서 뒹굴며 컸다. 당시 대구(大邱)는 인구가 고작 30만, 집 밖을 한 발짝만 나가면 끝없는 능금밭이었다.

학교서 돌아오면 마루에 책보(?)를 던져놓고 밖으로 내달렸다. 겨울은 앉은뱅이 썰매, 여름이면 벌거숭이로 종일 시냇물에서 자맥질을 하며 놀았다. 숯 검댕이 같이 새까맣게 타서 등짝에서 슬슬 살갗이 벗겨지던 그 때의 우리를 본다면 '햇볕 공포증'에 걸린 현대인들은 기함하고 자빠질 게다.

골목이 건강하게 살아 숨 쉬고 있던 때였다. 아이들의 놀이터가 골목길이어서 '야구사이'라던 골목야구, 때기, 마때롱, 구슬 따먹기…놀기에 바빠 오줌도 전봇대에 싸고 워리도 우리와 나란히 전봇대에다 오줌을 쌌다.

구멍가게, 쌀가게, 이발소, 양장점이 있는 골목길을 행상들이 외치며 지나갔다. "솥이나 냄비 떼우쇼!" 하고 땜쟁이가 지나가면 "펑!" 하며 똥 푸는 아저씨가 지나갔다. 얼굴에 그을음 칠갑을 한 굴뚝쟁이가 "굴뚝 치소!"하며 지나갔다.

가시나들은 공기놀이, "무궁화 꽃이 피었습니다"와 사방치기를 했다. 그리고 "무찌르자 공산당 몇천만이냐. 대한넘어 가는데 조기로구나…."를 부르며 고무줄을 넘었다. 그 군가는 "대한남아 가는데 초개로구나…"인데 옳게 부르는 아이는 없었고 소리나는 데로 "대한넘어 가는데 조기로구나…"라고 했다.

그러면 연필 깎는 손칼로 고무줄을 싹둑 자르고 도망치는 녀석도 있었다. 그럼 여자애는 "야 자석아야…!"하며 고무신을 벗어 뒤통수에다 냅다 던졌다.

아이들이 담벼락에다 머리를 박고 말이 되면 다른 아이들이 달려와 쾅! 굴리며 올라타는 '말타기'가 머서마들에겐 인기였다. 그러다 우리는 못둑에서 연을 날렸다. 하늘위로 까맣게 치솟다가 줄이 끊어져 가물가물 먼 허공으로 사라져 가던 연… 그 광경을 바라보며 어린 마음에도 영원이란 것을 어렴풋이 생각했었던 것 같다.

해맑은 산하, 신비로운 밤하늘, 영롱한 별, 정다운 동무들, "우리오빠 말 타고 서울 가시고 비단구두 사가지고 오신다더니…"라며 노래 부르던 시절이었다. 기성세대를 낡은 세대라고 하지만 그때도 지금 못지않게, 어쩌면 더욱 사무치게 그 시절이 아름다웠노라고 말하면 지금 신세대들이 알기나 할까? 아마 모를 것이라고 생각한다.

때려줘서 고마워요

'먹는 물'은 영어로 '셀프'란다. 식당마다 "물은 셀프입니다"라고 써놓았기 때문이다. 군만두는 '서비스'다. 중국집에 음식을 주문하면 "군만두는 서비스입니다"라고 하기 때문이다.

며칠 전 지하철 안에서는 어떤 중년사내가 영자신문을 펴들고 큰 소리로 읽는 걸 사람들이 구경하고 있었다. 잠시 들어보니 그건 영어도, 소련 말도 아니고 적당히 영어 비슷하게 주워섬기는 것이었다. 한 줄도 제대로 못 읽으면서 영어박사인양 쇼를 하는 것이었다.

그 놈의 영어란 게 뭐 길래 그 야단들인가 싶었다. 어느 여성 총장님이 TV에서 "미국서는 오렌지라면 못 알아듣고 얼웬지라고 해야 알아듣습니다…" 어쩌고 하다가 망신만 당했다.

"사렌지고 오렌지고 듣기 싫다. 먹고살기 바쁜데 웬 개 풀 뜯어먹는 소리냐…"며 죄다 싫어했다.

애들 어학연수 보낸다고 6. 25도 아닌데 이산가족이 속출하고 한국대통령이 미국이나 다보스포럼에 가서 영어 연설한다며 안 돌아가는 혀로 더듬거리던 생각이 난다. 일국의 대통령이라면 당연히 우리말로 연설하고 통역으로 듣게 해야 할 것이 아닌가.

동두천 기지촌에서 3년이나 미군병사와 살았던 양색시가 이렇게 항의했단다. "이놈아 쓰리 이어스 리브가 디스이스냐! 유다이 아이 다이가 세임다이다!" 양색시의 그 말은 "3년간 산 것이 고작 요거냐! 너 죽고 나 죽자. 그러면 피장파장이다!"의 의미였다. 그 동두천 여성의 피맺힌 절규는 영어도 아닌 콩글리쉬인데도 호소력 만점의 영어웅변을 방불케 한다.

하지만 대통령의 영어연설은 보좌진들이 써 준 것을 프롬트터 보고 읽는 것이지만 그 동두천 여성만큼 호소력이 있는 것 같지 않다. 그건 외국인 청중들에게 하는 연설이라기보다 국내용이요, 한국 국민들에게 "나 영어연설 했소."하려고 억지로 쇼를 하는 것이기 때문이다.

요즘에는 여기저기 '에스데틱'이란 간판이 눈에 띈다. '에스데틱'(aesthetic)이란 것은 예술을 철학적으로 분석연구하는 이른바 '미학'(美學)인데 보통사람들은 그게 무슨 학문인지도 잘 모른다. 그런데 살갗이나 문질러주는 피부미용을 '에스데틱'이라고 하니 개발에 징 박는 꼴이다. 누구 말 마따나 허위의식을 이용한 얄팍한 상술이랄까. 주정뱅이들이 출입하는 술집에 아베마리아란 고상한 이름을 붙이는 격이다.

한국에 집을 구하려던 프랑스인은 집 이름이 '케슬'이라기에 방이 수십 개에 정원이 딸린 중세 고성(古城)인줄로 알았단다. 그러나 조그만 방 세개짜리 소형 아파트를 케슬이라고 하는 데는 실소를 금할 수 없더란다.

한국에서는 서민아파트도 맨션이다. 원래 맨션이란 봉건귀족의 대저택이요 입구에서 정원을 지나 차로 한참을 달려야 현관에 닿는 으리으리한 건물인데 한국은 아파트이름마저 뻥튀기를 한다.

한번은 시카고 교외 에반스턴의 맨션들을 구경한 적이 있는데 그런 저택이 부럽기는 커녕 미국식 자본주의의 상징 같아서 입맛이 썼다. 한 없이 긁어모아 궁궐 같은 저택을 짓고 살면 무량수의 복덕을 누린다고 생각하는 건 착각인데 말이다.

큰 집은 옥(屋)이며 죽음(尸)이 닥친다(至)는 뜻이요 작은 집은 사(舍)로 사람(人)에게 길(吉)하다는 뜻이다. 그런데도 무조건 크면 제일인줄 알고 사람이름에 까지 큰 大자를 붙인다. 집, 승용차, 가전제품 등 모든 것에서 큰 것을 선호하고 사람도 키 작은 사람은 인기가 없다.

하지만 큰 것 선호는 이제 그만 폐지할 때가 되지 않았나 싶다. '인구 절벽'으로 1人가구가 대폭 늘어나자 아파트에서 생활용품까지 다운사이징down sizing이 대세가 되고 있다. 수박도 1/4 쪽을 팔고, 오이도 1/3 크기를 개발해서 재배해야 수지를 맞출 수 있다.

우리는 얼까지 빼기는 수모를 당했으면서 영어사대주를 벗어나지 못 하고 있다. 그처럼 의식의 노예가 되고 싶으면 실컷 얻어맞고도 "때려줘서 고마워요"하며 굽실대는 종들과 다를게 없다.

언어에는 그 국민의 얼과 문화가 녹아 있다. 이를테면 미국인들이 가장 많이 쓰는 단어가 I 와 have 라는데 우리말이 '이다' 중심의 존재적 언어라면 영어는 '가지다' 를 내세우는 소유적 언어가 아닌가 싶다. "소유에 집착하면 물욕에 찬 중생이고 존재를 깨달으면 견성한 부처"라던 어느 철학교수의 말이 생각난다.

서양은 대부분 총과 대포로 남의 땅을 식민지로 삼아 억압과 착취를 일삼던 제국주의 역사다. 미국은 건국 후 2백년 동안에 전쟁이 150번, 그야말로 전쟁으로 먹고 사는 전쟁국가라 해도 과언이 아니다.

미국의 이라크 침공도 대량살상무기 때문이라고 했지만 이라크를 샅샅이 뒤져도 그런 무기는 없었다. "대량살상무기를 가졌으니까 침공한다. 그러나 그게 없어도 침공한다. 왜냐면 숨겼을 테니까"라고 했던 '아들부시'에게 노벨문학상을 줘야 한다고 했다. 거짓말을 화려한 레터릭으로 포장한 기술이 놀라웠기 때문이다.

영어는 세계공용어니까 먹고 살려고 배우는 건지 몰라도 그러다 보니 우리말도 제대로 못하는 반거충이가 되었다. 특히 신세대들은 책과는 담을 쌓고 스마트폰이나 희롱하며 살다보니 고유한 우리말을 익힐 틈이 없고 "헐" "쩐다" "대박" 따위 천박한 신조어만 늘어난다. "손님" 하면 좋은 것을 "고객님"은 무엇이며 아무한테나 "아버님" "사장님"이라고 한다. 훼밀리 레스토랑이란 데서 식사를 하고 나면 종업원 아가씨가 달려와서 "계산 도와드릴게요" 한다. 음식 값이 비싸니까 자기가 대신 내어주는 것도 아니면서 "도와준다"니 말이 되는가.

몇 페이지를 "몇 쪽"이란 말도 그렇고 "1월 10일" 하면 될 걸 "1월 10날"이라고 하는 것도 되지 못한 곳감접말이다. 요새는 그 "사장님"소리가 좀 뜸해진 것이 다행이다. 요즘 아이들은 재미없다를 "노잼", 버스카드 충전을 "버카충", 솔직히 까놓고 말하는 것을 "솔까말"이라고 한다는데 이러다가는 애비와 자식간에도 말이 안통하는 이민족이 되고 말 것이다.

우리는 우리말을 아끼고 사랑할 줄 알아야 한다. 우리말을 누더기로 만들어 놓고 영어 배운답시고 학원에 다니는 걸 어떻게 이해해야 할지 모르겠다.

덩과 똥

음식은 추억의 맛이요 그리움의 맛이다. 어떤 음식을 대하고 보면 그 때 그 시절이 생각나고 그리운 얼굴들이 아련히 떠오른다.

초등학교 입학 전의 일이다. 외갓집에서 좀 떨어진 곳에 "화원 소학교"가 있고 거기 일본군 보병부대가 주둔해 있었다. 나는 동생과 둘이서 학교 정문 앞에서 대포를 매단 트럭이며 군인들이 들락날락 하는 걸 구경하면서 놀았다.

전투모에 별을 붙인 보초병은 착검한 소총을 매고 있었다. '게토루'라던가, 다리에 칭칭 각반을 감고 꽁무니에는 물통을 찼다. 가까이 가서 쳐다보면 우릴 보고 히죽 웃었다.

하루는 그가 손짓으로 우릴 불렀다. 가까이 가니까 뭔가를 주며 먹으라는 시늉을 했다. 우리는 그걸 손에 쥐고 얼른 도망쳐 외딴 곳에 숨어서 끌러봤다. 작은 헝겊자루에 끈으로 묶어놓은 주둥이 매듭을 푸니 그 안에 건빵이 가득 들어 있고 간간이 빨강 파랑 별사탕도 섞여 있었다.

별사탕 하나를 입에 넣고 눈을 감았다. 달콤한 파란별 하얀별이 허공에 둥둥 떠다녔다. "세상에서 가장 맛 좋은 건 건빵" 그날 우리는 그렇게 확신했다. 하얀 헝겊자루에 들어있던 건빵, 그 보초병이 그 걸 왜 우리에게 줬을까? 오랜 세월이 흐른 지금도 그 의문은 안 풀린 채 남아있다.

해방이 되었다. 일본군인들은 어디론가 사라지고 대신 양키 병사들이 찦차를 타고 지나가며 휙휙 "양껌"을 던져 줬다. 개털 귀마개를 한 구두닦이 아이들은 "할로 슈샤인!" 을 외치고 우리도 덩달아 "할로 추잉검 기브미!"를 외쳤다.

그러다 6.25 난리통의 춥고 배고픈 시절이 닥쳤다. 그 때 중1이던 나는 국화빵 몇 개로 배를 채우고는 "내일아침 대구일보!"를 외치며 한겨울의 중앙통 길을 신문팔이로 뛰었다. 아버지는 전쟁 통에 행방불명이 되고 어머니는 어지럼병으로 거동이 불편했다.

고생 끝에 철난다고 그래도 공부는 포기할 수 없었다. 그때

가장 많이 읽던 영어참고서가 일본인 오노케이의 "소야규(小野圭)영문법"이었는데 나는 시커먼 갱지(更紙)에 찍은 그 책을 죽자 살자로 읽었다. 아니 외웠다.

그러자 입이 근질근질해지기 시작해서 지나가는 미군GI 더러 "헤이, 웨어 아유 프럼?" 따위 싱거운 질문을 던지곤 했다. 미군병사가 미국서 왔지 "어디서 왔느냐?"는 질문이 가당키나 한가?

전쟁의 상처가 깊이 패여 너나 없이 헐벗고 굶주리던 시절이었다. 피난 온 무애 양주동(无涯 梁柱東)선생이 YMCA에서 영어강습소를 했는데 국문학자가 웬 영어강습? 하겠지만 그도 목구멍이 포도청이라 어찌할 방도가 없었을 게다.

그러나 나는 양주동 강의를 들을 수준도 아니고 옆집 대학생 동수 형이 양주동식 강의라며 들려주는 걸 열심히 경청하고 배웠다. 이를테면 똥은 "dung"이다. 뒷간에 앉아서 똥을 누면 똥 덩어리가 바닥에 떨어지는 소리가 "덩!"하니까 똥이라고 했다.

검정은 영어로 "soot"이다. 거기다 "he"를 붙인 "soothe"는 "숯 사람" 이고 숯 먹은 놈은 잠잠해 지니까 "soothe"는 "진정시킨다"의 뜻이 된다는 것이다. 그리고 여학생들이 부끄러워 부르지 못하는 이름이 있으니 그건 “조지”George란 남자와 “조지아”Georgia란 여자라 했다. 그런 식의 공부가 “연상 학습법”인데 그건 모든 공부의 기본인 암기문제를 해결할 수 있는 명약이라고 했다.

대구는 겨울이 엄청 춥다. 지옥 다음으로 추운 곳이 대구다. 샛바람에 벌판의 전봇대가 잉잉 울고 방안의 잉크병이 꽁꽁 얼었다. 약령시란 약전골목의 아스폴트가 ‘아이스’ 팔트로 변했다.

그 약전골목을 개털모자 쓴 양주동선생이 자전거 타고 가다가 ‘아이스’팔트에 미끄러지자 그는 “어이쿠, 국보가 쓰러졌다”고 했다. 지나가던 행인이 쫒아가서 일으켜 주자 “국보가 일어섰다”고 했다는 것이다.

거기서 나는 생각지 않던 횡재를 했다. 그날 약전골목을 걸어가고 있는데 미군 스리쿼터가 지나가며 짐칸에서 뭔가 큼직한 놈을 툭! 하고 떨궜다. 한 아름의 큰 덩어린데 운전병은 알았는지 몰랐는지 그냥 가 버렸다.

얼른 가서 주워보니 의외로 무겁지가 않다. 나는 그놈을 둘러매고 냅다 달렸다. 큰길을 피해 골목으로만 집으로 뛰었다.

“엄마 엄마!”

거기서 야시골 우리 집까지 허겁지겁 달려가서 엄마를 불렀다. 그리고 급히 보따리를 끌러봤다. 흥부가 박 타듯이 유지(油紙)껍질을 벗기니 그 안에 먹음직한 식빵이 그득 들어있는 것이 아닌가!

엄마는 겁이 나서 "아이구 야야, 파출소에 가야 안 하것나?" 하셨지만 난 여러 말로 어머니를 안심시켜드리고 빵을 한입 먹어봤다. 그러자 그 구수한 맛이라니, 시적(詩的)이라고나 할 맛이었다. 매일 이런 빵을 먹고 사는 양키들은 얼마나 행복할까, 그런 생각을 했다.

그러다 이제는 포만의 시대다. 하지만 누가 "세상에서 최고의 맛은?" 하고 묻는다면 난 식빵과 건빵이라고 말하고 싶다. 그건 춥고 배고팠던 그 때, 그래도 부모님과 어린 형제들이 함께 살았던 그 때, 눈물어린 그 시절이 아련한 그리움으로 내 기억창고 속에 남아 있기 때문일 것이다.

농자 처妻하지 대본?

요새는 '데이'란 것이 왜 그렇게 많은지, '데이 증후군'이란 말까지 있단다. 발렌타인 데이는 연인에게 초콜릿 주는 날, 블렉 데이는 검은 옷 입고 짜장면 먹는 날이라나. 모두가 코 묻은 돈 알겨내려는 장사속인데 어느 장단인지도 모르고 곱사춤을 추고 있다.

어린이집에서는 영어공부라며 해골가면 쓰고 "츄리코 츄릿!"Trick or treat!을 외친다. "짓궂은 장난칠까요? 아님 맛난 것 줄래요?"란 뜻의 헬러윈 데이 놀이다. 하지만 대보름날 달집태우기, 단옷날 쑥떡 먹고, 유둣날 창포에 머리 감고, 칠석날 은하수에 까막까치들이 오작교 놓아 견우직녀 만나고… 그런 우리고유의 것들이 얼마나 많은가. 국적도 모르는 서양놀음 하느라고 그런 아름다운 우리전통을 죄다 까먹고 있다. 이젠 철이 바뀌어도 절기도 모르고 무언가에 쫓기며 살아가고 있다.

제 새끼 생일에는 고깔모자 쓰고 어릿광대짓을 하면서 부모님 생일은 잊어먹는다. 사돈 남 말 할 것 없이 내 자식들 부터 그렇다. 부모가 몇 살까지 살았으면 좋겠냐고 물어보면 64살까지라고 한단다. 아버지가 돈 버는 정년퇴직 때 까지만…철이 좀 나서 효도를 하고 싶어도 부모는 기다려 주질 않는데 말이다.

11월 11일은 법정기념일인 '농업인의 날'인데 '빼빼로 데이'로 알고 있다. "11월 11일이 무슨 날이지요?" 물으면 어린 애들과 엄마들이 "빼빼로 데이요!"라고 합창한다. 11월11일을 농업인의 날로 정한 것은 11의 十 과 一이 흙 토(土)가 되니까 농사를 상징하게 된 것이다.

우리에게 농사가 얼마나 소중한가. 그날을 빼빼로 데이라고 하니 밥이 어디서 왔는지 묻고 싶다. 우리는 모두 흙에서 왔다가 흙으로 돌아가는데 흙을 무시하고 외면한다. 토지라면 샀다 팔았다 해서 이문을 남기는 것으로 알고 있다.

흙을 더럽다고 생각하고 옷에 흙이 조금 묻으면 탁탁 털고 난리다. 빼꼼한 곳은 모조리 시멘트 칠갑을 해서 맨땅을 찾을 수 없다. 내가 자주 다니는 산길에는 가파르지도 않은데 철제 계단을 설치해 놓았다. 그러나 등산객들은 그 계단으로는 잘 다니지도 않고 옆의 맨땅으로 산을 오르고들 있다.

그래 죄다 푸념들이다. "여기까지 웬 놈의 사다리야! 산 타려고 왔지 계단 타려고 왔나"한다. "그래야 떡고물이 떨어지지…" 하는 사람도 있다. 흙은 외면당하고 농촌은 괄시 받고 있다. 신부감이 없어 처녀 구하려 베트남이나 필리핀 까지 간다. 전통 농업국이던 우리나라에 이제는 농민이 3백 만도 안되고 식탁은 외국산 범벅이다.

노벨 경제학상 수상자인 미국의 쿠즈네츠 교수는 "농어업 발전 없이는 선진국진입은 불가능하다"고 했는데 선진국치고 농업강국 아닌 나라는 없다. 유일 초강대국 미국은 세계최대의 농업국이며 프랑스 캐나다 호주 중국 덴마크 등도 그렇다.

농업에 실패했던 구 러시아의 식량난은 시베리아 혹한 보다 더 무서웠다. 구상무역으로 들여 온 쿠바 산 감자로 허기를 때우다가 큰 곰이 고꾸라지듯이 그 큰 덩치가 쓰러지고 말았다.

이젠 곳곳이 홍수와 태풍, 가뭄, 냉해로 자연재해가 일상처럼 되고 있다. 앞으로 대 홍수나 심한 한발로 식량이 바닥나면 수출국들이 곳간을 걸어 잠글 것이다. 급기야 그들이 식량무기화로 나가면 일본 동북해 지진보다도 더 무서운 식량 쓰나미가 닥칠 수 있다.

얼마 전 영화 "인터스텔라"Interstellar에서 본 황사는 정말 무서웠다. 하늘을 뒤덮는 모래먼지로 숨도 쉴 수가 없고 책상을 손으로 쓸면 먼지가 한 움큼씩이다. 호흡기병으로 사람들이 연방 죽어나가고 농작물은 말라죽고 대 혼란이 일어난다.

미국 컬럼비아대 지구연구소장 제프리 색스 교수는 지구종말은 대기오염 때문에 온다고 했다. 온난화로 극지의 동토층이 녹으면서 방출된 메탄가스가 농작물을 죽이고 바다까지 오염시켜 수산물도 사라진다.

농사는 그만큼 중요하다. 여성우위시대라 이제는 "농자 처(妻)하지 대본"이라고 하지만 천하건 처하건 농자는 대본이다. 선진국 진입도 농업강국이라야 된다는 것이 아닌가. 그런데 우리는 농어업이 고작 2.3%다. 실학자 정약용의 삼농(三農), 편농(便農), 후농(厚農), 상농(上農)을 새삼 되새겨 볼 때가 아닌가 한다. (농협동인, 2015. 11/12월호 Vol. 204)

그해 여름

상행열차가 밀양을 지나면 이내 보이는 시골역이 상동역이다. 이름이 바뀌기 전 에는 유천역(楡川驛)으로 불리던 곳이다. 성냥갑처럼 조그만 역사 뒤로 법국법국 법국새 소리가 들릴듯한 작은 마을이 보인다.

언제부턴지 나는 그 시골 역을 좋아하게 되었다. 세상에는 수많은 기차역이 있지만 그 유천역처럼 정답고 아름다운 곳은 드물 것이다.

그 유천역을 급행열차는 본체만체 달린다. 그러나 나는 열차가 밀양역을 지날 때부터 읽던 책도 덮은 채 머리를 차창에 붙이고 유천역이 나타나기를 기다린다. 마치 거기서 사랑하는 사람이 기다리기고 있기나 한 것처럼.

한 번은 새마을호로 상경하던 길이었는데 그날따라 유천역이 보이지 않았다. 유천역이 있어야 할 그 시골 역사에는 못 보던 글자가 붙어 있었다. "상동?" 내가 혹시 헛것을 보았나, 이것도 노화현상인가 싶었다.

지나가는 여객전무님을 붙잡고 물어 봤다.

"방금 지나간 게 유천역이 아닙니까?"

"예 맞습니다. 그런데 이름이 상동으로 바뀌었는데요."

역시 그건 유천이었던 것이다. 그러나 느닷없이 지명이 바뀌다니, 나는 얼떨떨한 기분이 되었다. 무슨 강아지 이름도 아니고 오랜 세월 사람들과 함께 해온 지명이 아닌가. 그걸 각중에 바꿔버리고 쓰다달다 말이 없다니 "어째 이런 일이?" 싶었다.

유천은 느릅나무 유(楡)에 내 천(川)자 유천이었다. 냇가에 느릅나무가 줄지어 서 있는 마을, "느릅나무 속 잎 피어나는 열두 구비를 청노루 맑은 눈에 도는 구름"이라고 목월시인이 노래했던 그 느릅나무다.

이름을 상동(上洞)이라고 바꾼 데는 무슨 곡절이 있겠거니 싶었다. 하지만 옛것을 소중히 갈무리 할 줄 모르는 어리석음, 부러진 비닐우산 버리듯 내다 버리기에 바쁜 세태가 원망

스럽기는 마찬가지다.

"오래된 이름인데 함부로 바꿀 수 있습니까?"

나는 항의하듯 여객전무님에게 말해봤다. 그러자 그는 마치 자기가 잘못을 저지르기라도 한 듯이 대답했다.

"글쎄 말입니다. 어찌 된 일인지 나도 잘 모르겠는데요."

그러면서 그는 '개정판 열차시간표'란 걸 한 장 주고 갔다.

그 시간표에도 유천은 없었다. 말 한 마디 없이 떠나버린 연인처럼 그렇게 가버린 것이다. 그게 거의 십년 전 일이었던 것 같다.

그 작은 시골역에 오래 전에 내려 본 적이 있다. 뒷산을 조금 올라가면 있다는 암자에서 수양(?)하고 있는 친구를 만나보려고 완행열차로 거기까지 갔던 것이다. 때가 한여름이라 나는 역 근처가게에서 수박을 샀다. 한 개는 정(情)이 없다고 하니까 두 덩이를 샀다. 그리고 줄로 엮어 달라고 해서 어깨에 메고 산을 오르기 시작했었다. 지금은 수박 한 개도 버겁지만 그때는 두 개도 너끈했었다.

그러나 그 절은 찾아도 찾아지지 않는 샹그릴라 같았다. 아무리 둘러봐도 키 작은 다복솔만 빽빽할 뿐 근처에 있다던 절이 도무지 보이지 않는다. 산을 얕잡아보고 무턱대고 올라 온 것이 잘못이었다. 목은 타고 머리 위에는 한 여름의 태양이 이글대고 있다.

한참 산속을 헤매다 결국 나는 맥없이 주저앉고 말았다. 아부지가 하늘로 가신 후 식구들과 먹고살기 위해 막일을 했었다. 그리스신화의 시지프스처럼 종일 땡볕에서 거친 일을 했다. 건설공사장에서 수도관 매설호를 파고 목차로 돌을 실어다 땅 메우는 노동일도 했다. 그렇지만 그 날처럼 맥을 못 추고 쓰러진 적은 없었다.

나는 그 자리에 앉아 갖고 가던 수박을 깨트려 갈증을 풀었다. 그리고는 그늘을 찾아 한숨을 잤다. 한 식경이나 잤을까, 깨어보니 뜨겁던 햇살도 한결 식어서 선선한 기운이 돌고 열사병 증세도 한결 나은 듯 했다. 나는 남은 수박을 둘러매고 암자에 도착해보니 가는 날이 장날이라고 친구는 절 아래 사하촌으로 출타하고 요사채 방은 텅 비어 있었다.

나는 요사채 마루에 앉아서 한가로이 딩동 대는 풍경소릴 듣다가 불전에 삼배를 올린다음 도루 산을 내려왔다. 그게 반세기 전의 일이었던 것 같다.

그동안 세상이 참 많이 변했다. 그 때는 통일호 완행열차가 삼랑진역에 서면 아낙네 행상들이 "물 많은 내 딸 사이소!"

"물 많은 내 배 사이소!" 하며 외쳤다. 떡, 김밥, 볶은 콩, 삶은 고구마… 갖가지 먹을 것을 팔았다. 삶은 계란을 안 먹으면 기차 탄 기분이 안 난다던 시절이었다. 밀양역에서는 역무원이 나팔을 입에 대고 "미랴-앙 여기는 밀양역입니다!"며 외쳤다.

이제 KTX가 경-부간을 바람처럼 달린다는데 그 담엔 번개열차라도 나오려는가? 덕분에 지난날의 추억은 날카로운 금속성 굉음 속으로 사라지고 빨리 갈수록 더 빨리 가려는 조급증만 남았다. 스피드와 효율성이 대세인지 몰라도 슬금슬금 달리던 완행시대의 낭만이 사라진 것은 못내 슬픈 일이다.

완행열차를 타고 유천에 내렸던 그해 여름이 어제 같다. 하늘에는 구름이 유유히 떠가고 기차가 긴 연기를 끌며 푸른 들녘을 달리면 논두렁에서 베잠방이 입은 머섬아들이 우릴 향해 쑥떡을 먹이곤 했다. 이제는 사라져간 낭만시대, 옛 추억 속의 유천이란 이름이 새삼 그립다.

(수필시대, 2006. 7, 통권 제9호)

북한산에서

몇 해 전 뉴욕서 한국행 비행기를 탔다. 내 옆자리에는 어린 아들을 데리고 금발의 중년남자가 앉았는데 비행기가 잠시 기착하려고 알레스카의 엥커리지 공항에 내릴 때였다. 그 중년신사가 비행기 창밖을 가리키며 아들에게 말했다.

"얘 얘, 저길 봐. 저게 바로 산이란 거야. 잘 봐둬…"

"저게 산이야? 야 정말 멋있다."

그 부자간의 대화를 들으며 나는 웃지 않을 수 없었다. 산이란 걸 처음 보다니, 우리나라엔 양 사방에 산이 풍부해서 얼마나 아름다운데…나는 약간 우쭐한 생각이 들었다.

뉴욕만 해도 바다는 있어도 산은 없다. 내가 오래 거주했던 시카고 역시 싱겁게 넓기만 했지 아무리 둘러봐야 산이란 게 없다. 높은 빌딩에 올라가 보면 눈 닿는데 까지 대평원이다. 태고 적에 거대한 빙하가 쓸고 간 자리가 수만리의 대평원이 되었다고 한다. 뉴욕에 사는 그 소년이 산을 첨 본다는 것도 무리가 아닐 성 싶었다.

취미가 등산인 나는 시카고시절, 올라갈 산이 없어 살맛이 안 났다. 궁여지책으로 '시얼스 타워'나 '잔 헹칵' 같은 마천루엘 오르면 제법 등산 맛이 나겠거니 싶었으나 실재로 마천루등산(?)을 해 보지는 못했다. 요새 "계단을 오르면 건강이 오릅니다…"며 계단 오르기 캠페인이 벌어지고 있는 걸 보니 옛날 생각이 났다.

산이 없는 곳은 얼마나 심심할까. 뉴욕처럼 산은 없고 바다가 있으면 더 심심할 것이다. 바다는 천날 만날 "쏴아— 철썩!" 두 마디 밖에 모른다고 하지 않던가. 바다처럼 싱겁고 심심한 것도 없다는 말이다. 그래서 J. R. 로열은 그의 '노변여행'에서 "바다처럼 지독하게 단조로운 것도 없다. 그래서 나는 해적들의 참혹성, 잔인성을 별로 이상하게 여기지 않는다." 고 했다. 반면에 산은 자연 그 자체요 세상에 산처럼 아름다운 건 없다. 산이란 걸 처음 본다던 미국 소년에 대면 우린 얼마나 행복한지를 새삼 깨닫는다.

그저께는 북한산에 올랐다. 박종화선생이 "남빛 물감을 끼얹은 것 같다"던 북한산…산엘 가면 108번뇌가 저절로 사라진다. 나는 너무 좋아 저 아래 사바세계에서 돈 번다고 고생하는 친구에게 문자메시지를 보냈다.

"굿모닝! 아침 여덟시에 출발하여 지금 북한산 마당바윕니다. 멀리 서울 장안이 소인국 같군요. 안개가 좀 끼었지만 바람도 없고 단풍과 산새소리가 무척 좋아요. 오늘도 행복하시길…"

정릉 쪽에서 북한산을 오르면 먼저 마당바위가 나오는데 타작마당처럼 널찍해서 한숨 돌리며 다리를 쉬기에 안성마춤이다. 조금 있으니 친구에게서 답신이 왔다.

"북한산 산신령 만나셨나요? 부러워요. 저는 감옥에 갇혀 있어요. 방금 채혈도 하고…이젠 덜덜 떨리는 기분이네요. 혹간 하는 일이라 그런가 봐요. 좋은 가을!"

그는 정신신경과 원장님인데 채혈하고 나서 덜덜 떨린다니 별일이다. 간혹 하는 일이라 그렇다니 정신과에선 채혈 같은 것 별로 안하는 것 같다. 그래 조금 짓궂은 답신을 보냈다.

"감옥? 인술이 넘치는 감옥? 좌우간 이 좋은 곳에 나 혼자 와서 미안합니다."

언젠가 그의 병원에 가봤더니 환자들이 입추의 여지도 없이 차례를 기다리고 있었다. 세상이 하 뒤숭숭하니 정신과 의사들이 바쁘구나. 하루 종일 저 많은 환자들을 만나야하다니… 조금 걱정스런 생각이 들었다.

난 마당바위보다 한 참 더 위쪽의 칼바위까지 올라갔다. 사방이 탁 트이고 서울이 손바닥만 하게 보인다. 거기서 울고 웃고 나고 죽는 것이 죄다 부질없다는 생각이 든다. 나도 그 속의 작은 티끌 하나이긴 하지만.

나는 대여섯 번 심호흡을 했다. 이즈음에는 중국 발 황사 때문에 도무지 숨도 크게 못 쉬고 벌레처럼 살고 있다. 나는 또 이런 전문을 보냈다.

“벗님의 글을 보며 웃고 있는데 어떤 친구가 옆의 바윗돌에 앉더니 “주님 캄사 합니다”해 쌓네요. 죽지 않고 칼바위까지 와서 감사하다는 건지, 세상이 스모그로 덮였는데 여기서는 숨이라도 쉬니까 감사하다는 것인지…한데 그들은 감사를 왜 “캄사”라며 된소리 발음을 할까요?”

또 한 등산객은 멀리 허공에다 대고 “정숙아!” 고함을 질러 대고…정숙이가 죽은 연인인지, 도망 간 마누라인지, 아님 딸네미인지…저는 그 소리를 들으며 “산산이 부서진 이름이여,

허공중에 흩어진 이름이여, 부르다가 내가 죽을 이름이여"를 한번 외워보려고 했지만 잘 안 되는 것이었다.

그러나 그 친구, 정숙이를 부른 다음 배낭에서 바나나를 꺼내 먹는 걸 보니 눈물은 아래로 흐르고 밥숟가락은 위로 올라간다는 말이 맞구나 싶었다. 울면서도 밥은 먹더라고 하지 않던가. 아무리 삶이 슬퍼도 목구멍이 포도청이다.

산을 내려오며 보니까 "통정대부 김공지묘"(統政大夫 金公之墓)란 비석 뒤에 초라한 무덤이 있다. 통정대부인데 그저 "김공"이고 이름도 없으니 누군지 알 수가 없다. 그러나 Memento mori, 그 비문은 "죽음은 이름이고 뭐고 모든 걸 앗아간다"는 엄숙한 경구 같아서 나는 그 앞에서 잠시 묵념을 올렸다.

저 나무도 풀도 산새도 이 세상 모든 것이 나고 죽고 흙으로 돌아가는 끝없는 윤회 속에 있다. 무엇을 갖고 웃고 울고 할 것인가. 담담한 마음으로 주어진 삶을 살 뿐이다. 귀가해서 저녁 무렵에 보니 이런 카톡문자가 들어와 있었다.

"방금 퇴근하여 메시지 봤습니다. 아름다운 산에 산신령, 독실한 교도, 정숙이를 부르는 소리도… 산에는 재미난 일이 많군요. 우리나라 좋은 나라입니다. 미숙한 인간들이 단군상을 부수는 몰상식은 있어도… 그런데 오늘 산행은 홀로 가신 건 아니겠지요. 혹시 어여쁜 비서라도?”

그래서 나는 이런 문자를 보냈다.

“천만에 만만에 콩떡! 내사 그런 능력이나 있나요. 좋은 저녁 되소서.”